Oliver Bidlo
Vom *Flurfunk* zum *Scrollbalken*

I0130162

Über den Autor

Oliver Bidlo, Dr. phil., Studium der Kommunikationswissenschaft, Germanistik und Soziologie. Arbeitet u.a. als Dozent und Modulbeauftragter im Masterstudiengang „Kriminologie, Kriminalistik und Polizeiwissenschaft" der Ruhr-Universität Bochum. Freier Forscher/Independent scholar, Dozent und Lehrbeauftragter an verschiedenen Universitäten und Hochschulen darunter u.a. der TU Kaiserslautern, Universität Duisburg-Essen und der Hochschule Düsseldorf.

Oliver Bidlo

Vom *Flurfunk* zum *Scrollbalken*
Mediatisierungsprozesse bei der Polizei

ldib
Verlag

Bibliografische Information der Deutschen Nationalbibliothek
Die Deutsche Nationalbibliothek verzeichnet diese
Publikation in der Deutschen Nationalbibliografie;
detaillierte bibliografische Daten sind im Internet
über http://dnb.ddb.de abrufbar.

© 2018, Oldib-Verlag, Essen
www.oldib-verlag.de
Oldib Verlag
Waldeck 14
45133 Essen
info@oldib-verlag.de
Herstellung: BoD, Norderstedt

ISBN 978-3-939556-64-0

Inhaltsverzeichnis

Vorwort...........7

I. Einleitung...........9
  1. Mediatisierung...........9
  2. Methodische und methodologische Grundlagen...........13

II. Über *Flurfunk* und *Scrollbalken* bei der Polizei
– Von der Mündlichkeit zur Schriftlichkeit und zurück...........19
  1. Einleitung...........19
    Exkurs...........20
    1.1 Besonderheit der Daten...........21
    1.2 Datenmaterial und Vorgehen...........24
  2. Aufklärungsarbeit – Reichertź Studie von 1991...........26
  3. Orale und literale Kommunikationskultur...........31
  4. Materialdarstellung und -analyse...........39
    4.1 Feldforschung und Interviews...........40
    4.2 Interpretative Erkundung des Materials...........49
      4.2.1 Die Bedeutung des Computers...........49
      4.2.2 Die Veränderung der Kommunikationskultur...........53
      4.2.3 E-Mail-Kommunikation, Informationen und Verantwortung...........57
      4.2.4 Die Verschränkung der Kommunikationskulturen...........61
      4.2.5 Junge und alte Kollegen oder: Von der Teeküche zur digitalen Kommunikation...........64
  5. Von der oralen zur literalen Kultur und wieder zurück...........70
    5.1 Wandel der Kommunikationsmedien – Veränderung der Kommunikationskultur...........70
    5.2. Verantwortung...........73
    5.3 Die verantwortungsgenerierende Teeküche...........76

5

6. Abschluss..79

III. Die Anpassung an und die Nutzung von digitale(n) Medien in der Polizei...**83**
  1. Einleitung.. 83
    1.1 Theoretische Implikationen...........................85
    1.2 Empirisches Material und weiteres Vorgehen............88
  2. Materialvorstellung und -analyse.....................90
    2.1 Digitale und technische Artefakte bei der Polizei........91
    2.2 Feldnotizen und Interviews........................... 92
  3. Interpretative Verdichtung...........................102
    3.1 Rechenknecht – Knecht der Rechner...............104
    3.2 Das Alter und die Techniknutzung –
    Abhängigkeit von Technik.............................108
    3.3 Die Aneignung von Technik........................116
  4. Abschluss..121

IV. Abschluss..**125**

Literatur.. **129**

Vorwort

Die hier vorliegende Untersuchung ist in doppelter Hinsicht eine „in Form gebrachte". Ausgangspunkt war ein DFG gefördertes empirisches Forschungsprojekt zur polizeilichen Praxis des Entscheidens (vgl. Kap. I), aus dessen empirischem Material zwei umfangreichere Aufsätze von mir verfasst wurden. Die noch unveröffentlichten Aufsätze, deren Thematik durch die Frage nach Veränderungen im Arbeitsalltag und in den sozialen Beziehungen zu ArbeitskollegInnen durch den Einsatz neuer, digitaler Medien verbunden sind, bilden den Kernbereich des vorliegenden Bandes.

Das empirische Material wurde in einem Zeitraum von 2009 bis 2012 erhoben. Daher ergibt es sich beinahe zwangsläufig, dass manche genannten Einzelaspekte für das Erscheinungsjahr 2018 schon wieder überholt oder bekannt klingen, hat sich doch in der Zwischenzeit von sechs bis neun Jahren erneut einiges geändert. So wird beispielsweise in einem Interview vom sozialen Netzwerk „studivz" gesprochen, das seit 2012 praktisch keine Bedeutung mehr als soziales Netzwerk hat und hier von Facebook abgelöst wurde. Die dem Typus „studivz" als sozialem Netzwerk hinterlegten Perspektiven und darauf eingehenden Arbeiten der Polizei (z.B. Recherchearbeit) behalten gleichwohl auch heute noch ihre Gültigkeit. Aus diesem Grund können die hier vorgestellten analytischen Ergebnisse immer noch einen Anspruch auf Aktualität beanspruchen. Dies können sie überdies auch, weil Veränderungen in einer Organisation (hier der Polizei), zumal, wenn es um Veränderungen im Rahmen sozialer Praktiken, der Wissensweitergabe und damit zusammenhängender Binnenprozesse sozialen Wandels von Organisationen geht, von einer gewissen Langsamkeit geprägt sind. Eine solche Langsamkeit ist zugleich dadurch angezeigt, dass Organisationen eine handlungsstabilisierende und koordinierende Funktion übernehmen und daher trotz des Arbeitens mit Kontingenz ein hohes Maß an Erwartbarkeit und Stabilität vermitteln.

Die hier vorgestellten und erarbeiteten Überlegungen sind somit zwar aus der Projektarbeit entsprungen, stehen aber weder als Repräsentant des Projektes noch haben sie den Anspruch oder die Funktion einer Projektdokumentation. Ich danke Frau Prof. Dr. Sylvia M. Wilz und Herrn Prof. Dr. Jo Reichertz für die Freigabe der Aufsätze und der daraus resultierenden Publikationsmöglichkeit.

Oliver Bidlo
im April 2018

I. Einleitung

1. Mediatisierung

Die heute nicht mehr ganz so neuen digitalen Medien haben den Alltag der Menschen tiefgreifend verändert (vgl. z.B. Bidlo 2018). Die von Krotz als „Metaprozess" bezeichnete Entwicklung der Mediatisierung (vgl. Krotz 2001, Krotz et.al. 2017) meint in diesem Zusammenhang nicht nur die rein funktionale Verlagerung von Tätigkeiten hin zu einem Medium, sondern beinhaltet auch Veränderungen in der sozialen Praxis.

Digitale Medien haben Einfluss auf unsere Sichtweise auf die Welt, spielen bei der Kommunikation sowie der zeitlichen und räumlichen Strukturierung des Alltags eine wichtige Rolle und lassen heute neue, digitale Erfahrungsräume entstehen.

Medien, und hier werden darunter gängige Kommunikationsmedien wie Internet, Fernsehen, Telefon, Radio oder Zeitung verstanden, differenzieren im Rahmen der gesellschaftlichen Entwicklung die Kommunikation immer weiter aus.

> „Genauer sind nicht die Medien dabei der aktive Teil, sondern die Menschen in ihrem Umgang mit Medien: sie konstituieren diese Veränderungen, insofern sie immer mehr Medien für immer neue Aktionen und Prozesse in ihren Alltag einbeziehen – für sie sind die immer neuen Medien mit immer neuen kommunikativen Möglichkeiten ein Potential, das sie realisieren oder auch nicht" (Krotz 2001: 19, Hervorh. i. Original).[1]

Die Medien wirken zum einen passiv auf die Alltagsstruktur, z.B. in-

---

[1] Für eine aktivere Perspektive der Medien im Konzept der Mediatisierung vgl. Bidlo/Englert/Reichertz 2011 und 2012.

dem ihr Vorhandensein gewisse Erwartungen weckt. Die erwartete Erreichbarkeit über ein Smartphone oder per E-Mail kann heutzutage hierfür als Beispiel gelten. Zum anderen wirken die Medientechnologien aktiv im Rahmen einer unmittelbar-praktischen Nutzung z.B. des Internets zum Informieren, Mailversand oder dergleichen mehr. All diese Aspekte lassen sich unter dem Begriff der Mediatisierung fassen (vgl. vor allem Krotz 2001, 2007, Hartmann/Hepp 2010). Dies meint, dass das alltägliche Leben und die Erfahrungen der Menschen durchdrungen werden durch die Medien und ihre Inhalte. Der zeitlich und räumlich fast fortwährend mögliche Zugriff *auf* digitale Medien sowie der Zugriff *über* sie auf ein gemeinschaftliches Netzwerk, mithin der Prozess der latenten und manifesten Durchdringung des Alltags durch Medientechnologien, führt zu einer Reihe von Veränderungen.

Dieser Prozess stößt neue gesellschaftliche Praktiken an, ist aber zugleich wichtig für die Konstitution von Bedeutung und Sinn innerhalb einer Organisation sowie der gesamten Gesellschaft. „Mediatisierte Welten konkretisieren sich in Öffentlichkeit und Politik, aber auch in Alltag, sozialen Beziehungen und Geschlechterverhältnissen, Erwerbsarbeit und Konsum, gesellschaftlichen Institutionen und Arbeitsorganisation."[2]

Elektronische Medien durchdringen mithin den Alltag und die Kommunikation mittels Medien ist gängige Praxis, die „Dimensionen medialer Entgrenzung" (Krotz 2001: 22) sind vielfältig geworden und lassen sich auf einen zeitlichen, räumlichen und sozialen Aspekt verdichten. Dabei ist zu betonen, „dass Mediatisierung kein kurzfristiger Vorgang ist, den wir erst mit der Etablierung der digitalen Medien erleben, sondern ein langanhaltender Prozess. Ebenso wird greifbar, dass es nicht einfach um Medienwandel geht, sondern um

---

[2] Unter: www.mediatisiertewelten.de/de/konzept.html [12.02.18]. DFG Schwerpunktprogramm 1505 „Mediatisierte Welten".

den Wandel von symbolischen Formen und damit von Kommunikation, in denen Medien eingebunden sind" (Hepp 2011: 34). Der Mensch steht heute mehr denn je im „Fluss der Zeichen" (Bidlo 2011). Elektronische Medien stehen heute nahezu durchgängig zur Verfügung und bieten fortlaufend neue, angepasste und veränderte Inhalte an. Zugleich besteht immer häufiger ein durchgehend räumlicher Zugriff auf sie; durch einen WLAN-Zugriff ist das Internet in allen Räumen einer Wohnung problemlos möglich, das heute gängige Smartphone lässt das Internet mobil werden, der Fernseher hat nicht mehr nur seinen angestammten Platz im Wohnzimmer, Zweit- oder Drittgeräte (second screen) machen aus der Wohnung einen *Medienraum*. Aber auch der öffentliche Raum sowie der heutige Büroarbeitsplatz sind mediendurchflutet. Im Anschluss daran verändert sich der Rahmen ihrer sozialen Verwendung, er bewegt und verändert sich fortwährend. Medien werden „in immer mehr Situationen und Kontexten, mit immer mehr Absichten und Motiven" (Krotz 2007: 96), in immer mehr Lebenslagen aktiv (Produktion) oder passiv (Rezeption) verwendet. Aufgrund dieser Verwobenheit des Alltags der Menschen mit Medien, die sich nicht nur in ihrer unmittelbaren Nutzung und entsprechenden Praktiken ausdrückt, sondern auch „über Erwartungen, Hoffnungen und Bedürfnisse, Wissen und Fühlen der Nutzerinnen und Nutzer" (Krotz 2007: 112), lässt sich Medienrezeption und Medienhandeln heute kaum mehr als getrenntes und separates Handeln bestimmen, sondern muss als alltagsintegratives Handeln verstanden werden.

Der Einzug digitaler Medientechnologie sowie der darüber genutzten Software in der Organisation *Polizei* führt nun, so die dem weiteren Text hinterlegte These, zu sichtbaren und auch unsichtbaren Veränderungen, die durch Datenerhebung und eine anschließende hermeneutische Analyse im Folgenden sichtbar gemacht werden sollen. Dergestalt geht es im weiteren Verlauf in erster Linie um eine Binnenperspektive der Polizei, die rekonstruiert werden soll. Überdies wird in erster Linie auf organisationseigene Formen von z.b. Software eingegangen und nicht auf heute ebenfalls präsente und weitgehend offene Formen wie Facebook (vgl. Steinkemper 2017) oder Twitter, die im Rahmen der Presse- und Öffentlichkeitsarbeit der Polizei heute ebenfalls als etabliert betrachtet werden können.[3]

„Viele Polizeibehörden in Deutschland haben diese Entwicklung bereits wahrgenommen und nutzen das Medium in ihrer täglichen Arbeit. Als Beispiel seien hierfür zum einen Polizei-Apps, wie die KFB-App des Verlages Schmidt-Römhild in Zusammenarbeit mit dem BDK, zum anderen selbst erstellte Youtube-Videos zu nennen. Offizielle Twitter-Accounts, wie den der Polizei München oder Facebook-Seiten, wie die zur Bewerbungskampagne der Polizei Nordrhein-Westfalens, sind schon genutzte Optionen" (Steinkemper 2017: 7).

Meine hier erfolgten und bisher noch unveröffentlichten Analysen entstammen dem DFG-Projekt (polizeiliche) „Praxis des Entscheidens", das an der Universität Duisburg-Essen und der Fernuniversität Hagen durchgeführt wurde.[4]

---

[3] Eine gängige Internet-Sucheingabe von „Polizei" und „Twitter" oder analog dazu bei Facebook die Suche nach „Polizei" zeigt bereits eine – zumindest quantitativ – weit verbreitete Nutzung dieser Plattformen durch die Polizei an.
[4] Das Projekt bestand aus Prof. Dr. Sylvia M. Wilz (Hagen, Leitung), Ilka Peppmeier (Hagen), Prof. Dr. Jo Reichertz (Essen, Leitung), Dr. Oliver Bidlo (Essen) und wurde von 2009 bis 2012 von der DFG gefördert (Projektnummer 158253725).

2. Methodische und methodologische Grundlagen

Methodisch und methodologisch folgt die nachfolgende Analyse bzw. Auswertung des empirischen Materials der wissenssoziologischen Hermeneutik. Unter Hermeneutik wird seit der Mitte des 17. Jahrhunderts eine geisteswissenschaftliche Methodenlehre verstanden, die sich (zunächst) der Auslegung von Texten oder gesprochener Rede widmete, die das Verstehen und die Sichtbarmachung des Sinnes ermöglicht, der sich in den zu interpretierenden Artefakten befindet (vgl. allgemein Bühler 2003). Die Welt ist in dieser Sichtweise aufgeteilt in eine Vorder- und eine Hinterbühne, deren sinnbezogene Tiefenschicht man nur durch das Auslegen z.B. des entsprechenden Artefaktes, des Handelns oder der sozialen Situation erreichen kann. Die grundlegende Annahme ist dergestalt, dass hinter der sichtbaren bzw. wahrnehmbaren Welt eine weitere, eine bedeutungsträchtige Welt existiert. Anders formuliert: „Hier an der Oberfläche die diesseitige, sichtbare und unwesentliche Welt, dort im Untergrund die jenseitige, unsichtbare, wesentliche Welt" (Reichertz 2016: 15).

Der Begriff Hermeneutik entstand erst in der Neuzeit wurde zuerst von dem Straßburger Philosophen und Theologen Johann Conrad Dannhauer verwendet. Er stammt vom griechischen *hermeneuein*, der soviel meint wie auslegen oder erklären. Aus der allgemeinen Hermeneutik entwickelten sich besondere Hermeneutiken, die dem jeweiligen Textgegenstand angepasst waren. So spielt sie in der Theologie, Literaturwissenschaft und der Rechtswissenschaft eine grundlegende Rolle. Bereits im 16. konstituierte sich die Hermeneutik vor dem Hintergrund, dass nun den klassischen Texten der Antike sowie der Bibel ein geheimer Sinn unterstellt wurde, den es mittels einer entsprechenden Methode zu explizieren galt. Der göttliche Schöpfer gab durch das Buch der Bücher einen kurzen Blick auf sein

Wirken. Und ein richtiges Verstehen der Bibel und ihrer Texte führten dann, so die Sichtweise, auch zu einem Verständnis von Gottes Willen. Dergestalt begleitet das Interpretieren und Verstehen von Texten die Menschen seitdem sie Texte produzieren, archivieren und verteilen können. Besonders juristische Texte – also Gesetzestexte –, literarische Texte sowie religiöse Schriften, die meist über viele Generationen weitergegeben wurden, mussten ausgelegt und verstanden werden. Und dieses Verstehen hatte dann auch unmittelbare praktische Folgen, was über Gesetze bzw. daraus erforderliche Handlungspraktiken und religiöse Handlungsvorgaben einsichtig wird. Interpretieren und Verstehen bilden in diesem Sinne eine untrennbare Einheit. Die Interpretation ist der Weg, an dessen Ziel die Sinnerschließung des Textes, sein Verstehen steht. Aber das Ziel ist auch ein Teil des Weges, und damit gehen Interpretation und Verstehen bzw. Sinnerschließung Hand in Hand. Aber wann haben wir einen Text oder ein Bild verstanden und was lässt uns sicher sein, es verstanden zu haben? Verstehen meint hier nicht einen angenommenen unveränderbaren Fixpunkt, einen geradlinig zu erreichenden Punkt, sondern einen stufenweisen und vielgestaltigen Prozess des Verstehens. Und auch die Inhalte des Verstehens sind vieldeutig, zumindest vielschichtig. So gibt es nicht – und das wird unten nochmals deutlicher hervorgehoben – die eine gültige Interpretation, die einzig richtige Art des Verstehens eines Textes, sondern eine Vielheit von Möglichkeiten, die nur durch die Fragestellung, die man an den zu interpretierenden Gegenstand heranträgt, reduziert wird. Die Validität eines Interpretationsergebnisses ergibt sich dann aus seiner Nachvollziehbarkeit der Interpretationsschritte sowie der Zielsetzung der Interpretation. Während z.B. bei der Interpretation eines Erpresserbriefs ein relativ klar umgrenztes Ziel formuliert und später abgeglichen werden kann, z.B. die möglichst weitreichende Demaskierung des Täters (Profilerstellung) und die Ernsthaftigkeit seines Unterfangens, mag dies bei einem literarischen Text nicht so leicht sein. Auch wenn man als feste Zielsetzung die Erschließung des Textsinns ausgibt, heißt das nicht, dass man den einen, alles einschließenden Sinn auch identifizierbar herausarbeiten kann. Vielmehr wird man unterschiedliche Sinndimensionen des Textes antreffen, die alle eine gewisse Geltung ausweisen können. Die Reichweite der Geltung hängt derweil auch von der Nachvollziehbarkeit der Interpretation und dem sozio-kulturellen Hintergrund ab, vor dem sich die Interpretation abspielt. Beim Erpresserbrief gibt es die künstliche Setzung eines Zieles, den Erpresser zu demaskieren. Ist dies geschehen und der Täter verurteilt, kann dies als Endergebnis festgestellt und die Interpretation als erfolgreich ausgewiesen werden. Bei einem literarischen Text gelingt dies ohne Weiteres nicht. Aber auch wenn man sich einem Text erstmalig zuwendet, seinen Wörtern, Sätzen, darüber seinem Inhalt, dann entwirft sich das Verstehen nicht aus dem Nichts, vielmehr tragen wir ein gewisses Vorverständnis an den Text heran – unsere Voreinschätzungen, Sichtweisen und Meinungen von dem besprochenen Gegenstand, aber auch von der Welt und dem Dasein allgemein –, die es uns erst ermöglichen, die in einem Text enthaltenen Inhalte an das eigene Wissen und Verstehen anzudocken. Das Verstehen entwirft sich ausgehend vom Vorverständnis des Interpreten in den Text hinein und zugleich aus ihm heraus.

Im Sinne eines Zirkels oder besser einer Spirale tragen wir unser Vorverständnis an einen Text heran. Dieses verdichtet sich zu einem Verständnis höherer Ebene, das wiederum an den Text angelegt werden kann. Damit nähern sich die beiden Verstehenshorizonte – der des Textes bzw. Produzenten des Textes und der des Rezipienten – nach und nach an und ermöglichen erst eine Form des Verständnisses. Während sich die klassische Hermeneutik in erster Linie mit Texten auseinandergesetzt hat, werden im Rahmen sozialwissenschaftlicher Hermeneutiken nahezu alle kulturellen Artefakte (z.B. Bilder, Filme, Videos, Möbel, Internetseiten usw.) auch hermeneutisch analysiert. Eine wissenssoziologisch-hermeneutische Analyse erschließt nun nicht nur den Sinn eine Artefaktes, sondern führt zugleich von ihm weg, indem sie Verweisungsstrukturen identifiziert, die auf etwas anderes verweisen. Hier – aber nicht nur hier – zeigt sich die Verschwisterung von Hermeneutik und Semiotik, die beide auf Zeichen rekurrieren und ihre Bedeutung bestimmen bzw. beschreiben wollen. Angesprochen ist hier zugleich das Verhältnis vom Teil zum Ganzen und vom Ganzen zum Teil, aus dem heraus die Aussagekraft (sozialwissenschaftlich-)hermeneutischer Analysen auch nicht allein auf den analysierten Einzelfall begrenzt wird. Dies kann sich aus dem Strukturzusammenhang des Lebens ergeben, wie auch der Typisierungsleistung des Subjekts. Gadamer betont in diesem Zusammenhang:

„Wie der Zusammenhang eines Textes ist der Strukturzusammenhang des Lebens durch ein Verhältnis von Ganzem und Teilen bestimmt. Jeder Teil drückt etwas vom Ganzen des Lebens aus, hat also eine Bedeutung für das Ganze, wie seine eigene Bedeutung von diesem Ganzen her bestimmt ist. Es ist das alte hermeneutische Prinzip der Textinterpretation, das deshalb auch für den Lebenszusammenhang gilt, weil in ihm in gleicher Weise die Einheit einer Bedeutung vorausgesetzt wird, die in allen seinen Teilen zum Ausdruck kommt" (Gadamer 1965: 275).

Das Ziel der hermeneutischen Wissenssoziologie ist nun, „die gesellschaftliche Bedeutung von sozialen Handlungen, Interaktionen und Interaktionsprodukten in Form von Typenbildungen rekonstruktiv zu verstehen" (Kurt/Herbrik 2014: 473, Herv. i. Org.). Sie erfordert in der praktischen Ausübung das Einnehmen einer Haltung, die durch die Bereitschaft gekennzeichnet ist, sich durch die eigenen Daten und erzeugten Deutungen irritieren zu lassen (vgl. Bidlo 2011, Kurt/Herbrik 2014: 473), um so die „Entdeckung des Neuen" (Schröer/Bidlo 2011) zu ermöglichen. Das Rekonstruieren und Verstehen subjektiven Sinns ist möglich – auch wenn dem Verstehen ein Maß an Unabschließbarkeit inhärent ist –, weil wir in einer gemeinsamen, intersubjektiv geteilten Lebenswelt (vgl. Schütz/Luckmann 1994) leben und über die Generalthesis des Alter ego ein Maß an Fremdverstehen möglich ist. Die Grundannahme, dass Alter ego wie ego sei, „wird in einer Reihe von Akten vollzogen, die die Intersubjektivität auszeichnen: Die Reziprozität der Perspektiven, die Austauschbarkeit der Standpunkte und die Reziprozität der Motive" (Knoblauch 2017: 31).

Wir greifen vor dem Hintergrund einer Sprach- und Interaktionsgemeinschaft auf Symbol- und Zeichensystem zu und entäußern uns zugleich intersubjektiv nachvollziehbar durch diese. „Es weist daher jede Sinngebung dieser Welt durch mich zurück auf die Sinngebung, die diese Welt durch dich in deinem Erleben erfährt, und so konstituiert sich Sinn als intersubjektives Phänomen" (Schütz 1993: 43).

Schütz betont zugleich, dass man in jede konkrete Situation seinen Wissensvorrat, d.h. die Sedimentierung der vergangenen Erfahrungen, mit hinein bringt. Zuvorderst sind das das Wissen um objektive Zeichensysteme bzw. die Sprache sowie das ausgebildete allgemeine Wissen von Handlungsmustern oder Typisierungen von Menschen. „[I]ch bringe in jede konkrete Situation, in der ich einem anderen begegne, meinen Wissensvorrat, das heißt also die Sedimentierung vergangener Erfahrungen mit. Dieser Wissensvorrat schließt natürlich auch ein Geflecht von Typisierungen von Menschen im allgemeinen, ihrer typisch-menschlichen Motivierungen, Handlungsmuster, Planhierarchien usw. ein" (Schütz/ Luckmann 1994: 95).

Der Ausgangspunkt hermeneutisch-wissenssoziologischer Untersuchungen ist zunächst die Trivialität des Gegebenen. Sie beginnt in der Regel nicht mit einem „großen Knall" oder einer Überraschung. Vielmehr setzt sie mit der Rekonstruktion des Vorhandenen ein, in deren Verlauf sie dann über die Auslegung vom Gewöhnlichen zum Ungewöhnlichen kommt. Das Ungewöhnliche ist dann das hinter dem Trivialen Liegende. Und hier können dann auch Überraschungen „lauern" oder zumindest Bedenkenswertes, welches ebenfalls die „Entdeckung des Neuen" (Schröer/Bidlo 2011) sein kann. Ist die Rekonstruktion oder Entdeckung nachvollziehbar und einsichtig, erhält auch sie über die Zeit den „Hauch" des Trivialen. Der Anspruch und Nutzen einer hermeneutisch-wissenssoziologischen Untersuchung liegt dann darin, „die Menschen auf die vom Alltagsverstand gemeinhin nicht thematisierten Umstände, Zusammenhänge und Regeln aufmerksam zu machen, in deren Rahmen sie ihr Leben vollziehen" (Hitzler/Reichertz/Schröer 1999, S. 11).

Vor dem Hintergrund einer komplexen Gesellschaft mit verschränkten Akteuren und ihren mitunter unterschiedlichen professionellen Wissensbeständen, Motiven und Intentionen, dem in Institutionen geronnenen Handlungs- und Problemlösungswissen wird dann die sozialwissenschaftliche Virulenz einer solchen Herangehensweise sichtbar. Anhand der (Ent-)Äußerungen der entsprechenden Akteure lassen sich dann die entsprechenden Orientierungsmuster, „das gesellschaftliche[.] Typenrepertoire[.]" (Hitzler/Reichertz/Schröer 1999, S. 12) rekonstruieren. Dabei vollzieht sich das Handeln der Akteure auch reaktiv auf der Basis vorgegebener Handlungsstrukturen. Denn Akteure erfinden nicht fortwährend neue Handlungs- und Deutungsweisen. Komplexe Gesellschaften funktionieren gerade deshalb, weil Handlungen, Motive und Intentionen erwartbar sind und nicht fortwährend neu ausgehandelt werden müssen.

II. Über *Flurfunk* und *Scrollbalken* bei der Polizei – Von der Mündlichkeit zur Schriftlichkeit und zurück

1. Einleitung

Im Rahmen der nachfolgenden Darstellung soll nun – wie vorgestellt – über eine hermeneutisch-wissenssoziologische Analyse von Interviews und Feldmemos, die im Rahmen des genannten DFG-Projektes „Praxis des Entscheidens" erhoben wurden, der Frage nachgegangen werden, welche Veränderungen sich bei der Polizei aufgrund der Einführung neuer Informations- und Kommunikationstechnologien ergeben haben. Referenzpunkt für eine solche Veränderung ist die qualitative Studie von Jo Reichertz aus dem Jahre 1991 (vgl. Reichertz 1991). Die Arbeit der Polizei im Allgemeinen und die Ermittlungsarbeit im Besonderen beruhten stark auf mündlicher Abstimmung und Wissensweitergabe in Gruppen. Der Einsatz neuer, auf Literalität angelegter Medien führt – so lässt sich vermuten – notwendig zu einer Veränderung dieser auf Mündlichkeit basierenden Arbeitspraxis. Daran anschließend lässt sich die These formulieren, dass sich die polizeiliche Praxis im Rahmen ihrer Kommunikationskultur von oraler Kommunikation hin zu einem Mehr an literaler Kommunikation gewandelt und dies *sichtbare* Folgen hat. Und die kommunikative Art der Wissensweitergabe und -speicherung spielt dann auch – der These folgend – in die Art und Weise der Praxis des Entscheidens hinein. Denn wie Akteure in Organisationen ihr Wissen erwerben, weitergeben und speichern ist weder völlig standardisier- und programmierbar noch als reiner top-down-Prozess zu fassen. Es besteht nicht nur in Routinen und geht nicht in Anforderungen an objektive Rationalitäten auf (vgl. Wilz 2010). Beim Wissenserwerb handelt es sich vielmehr um ein komplexes Ineinandergreifen von subjektiven und organisationalen Prozessen in der alltäglichen Arbeit und in Kooperation mit den KollegInnen. Dieser Prozess muss als sozial „gemacht" und hervorgebracht verstanden werden. Wenn an dieser Stelle von Veränderungen und Wandel die Rede ist, meint dies im Zusammenhang einer hermeneutisch-wissenssoziologischen Forschungslogik nicht nur eine rein materiale als vielmehr eine kommunikative Veränderung der handlungserzeugenden Praxis. Das allerdings schließt nicht aus, dass materiale Veränderungen der Lebenswelt zu einer kommunikativen Anpassung führen können. Das hier zu analysierende empirische Material (Interviews und Feldforschungsmemos) wurde teilstandardisiert erhoben. Das eröffnet die Möglichkeit, sich durch die Daten irritieren zu lassen, da sie nicht aufgeladen sind mit einem „Zuviel" an herangetragenen theoretischen und analytischen (Vor-)Überlegungen (vgl. hierzu auch Reichertz 1997). Aber deutlich ist auch: „Kein Forschungsprozess startet ohne theoretische Vorannahmen, ohne Überzeugungen und leitende Vorstellungen, und im Verlauf des Forschungsprozesses werden beide Dimensionen immer wieder aufeinander bezogen" (Wilz 2010: 12).

Exkurs[5]

Eine sich aus dem Projektverlauf ergebene Besonderheit führte im Rahmen dieser hier durchgeführten Analyse zu einer verschärften methodischen Reflexion. Das dieser Darstellung und Analyse zugrunde liegende Projekt musste im Verlauf von zwei Jahren den Verlust von zwei MitarbeiterInnen kompensieren. Der Verfasser dieser Zeilen ist solcherart der Enkel, der sich in dritter Generation den Arbeiten seiner Vorgänger zuwendet. Hier soll nicht über allgemeine

---

[5] Der hier und unter 1.1 kurz beschriebene Umstand findet sich ausführlicher in Bidlo 2015: 375-383.

Probleme für einen solchen Quereinstieg berichtet werden, dennoch lässt sich die (methodische) Frage stellen, wie der „Enkel" eigentlich zu solchen Felddaten steht, die er – um im Bild zu bleiben – von seinem Großvater und daran anschließend von der Mutter geerbt hat. Bereits der erste Mitarbeiter ging ins Feld, schrieb Feldmemos und erarbeitete darauf Wege für ein weiteres Vorgehen. Nach seinem kurzfristigen Ausscheiden fielen diese Daten an die Nachfolgerin, die damit explorativ das weitere Vorgehen bedachte und davon angestoßen und mit den weiteren ProjektmitgliederInnen eigene Daten (Interviews) erhob. Nach ihrem Ausscheiden fielen nun dem Verfasser diese Feldnotizen und Interviews in die Hände. Wie sollte man nun damit umgehen: fremde Daten und kein eigener Feldbesuch oder selbst durchgeführtes Interview? Dieser Umstand führt zu der Frage, wie eigentlich die qualitativ erhobenen Daten und der sie erhobene Forscher zusammenhängen. Hängen beide überhaupt in besonderer Art und Weise zusammen? Und wenn ja, wie kann sich dann ein fremder Forscher diesen Daten zuwenden? Hat der unmittelbare Feldforscher einen exklusiven Zugang zu diesen, „seinen" Daten? In aller Kürze sollen diese Fragen hier behandelt werden, da sie konstitutiv für die weitere Darstellung sind.

1.1 Besonderheit der Daten

Reichertz (vgl. Reichertz 1991 und 2012) beschreibt die Besonderheit der Daten, die ein Feldforscher nach seinem Feldbesuch mitgebracht hat. Es ist zum einen der *Report*, der darlegt, was der Forscher wie wahrgenommen und wie er sich dem Feld zugewendet hat. Der *Rapport* hingegen deutet darauf hin, was das Feld mit dem Forscher gemacht hat, wie dieser sich durch den Feldaufenthalt, die an ihn latent und manifest herangetragenen Motive, Wünsche, Ansprüche und Erwartungen des Feldes, verändert hat.
Gerade vor dem Hintergrund der Arbeitsschritte im Rahmen der

Feldforschung (vgl. Bortz/Döring 1995) – Planung, Feldeinstieg, Handeln im Feld, Datenerhebung, Feldausstieg und Auswertung der Daten – wird die Bedeutung des *Forschers* für diesen Prozess deutlich. Natürlich sind die Daten eines Feldforschers in gewisser Hinsicht mit ihm verbunden. „‚Wirklich' freischwebende Beobachtung kann es bei Feldstudien nicht geben. Allein schon aus dem Grund, weil es auch im Zeitalter der Videokamera für handlungsentlastende (wissenschaftliche) Beobachter in der normalen Alltagspraxis keinen Platz gibt. In allen Gruppen, in denen im Alltag Beobachtung etabliert ist [...] ist der Beobachter handelnder Bestandteil der jeweiligen Interaktionsgemeinschaft" (Reichertz 1991: 139).

Auch haben sich die Daten, die Erfahrungen, die der Forscher im Feld gemacht hat, in seinen Körper geschrieben, sedimentieren sich in ihm. So sind es nicht nur die niedergeschriebenen (memorierten) Erfahrungen bzw. Beobachtungen, denen er sich dann hermeneutisch-analytisch zuwenden kann, sondern zugleich die sedimentierten Erfahrungen, die eine Hintergrundfolie bilden, vor der sich die Analyse vollzieht. Verlässt der Forscher nach Erhebung der Daten das Projekt, ohne an ihrer Auswertung mitgearbeitet zu haben, gehen auch diese *Körpereindrücke* verloren.

Geht der Forscher ins Feld, verändert er es nicht nur durch seine Anwesenheit (Beobachterparadox),[6] auch er selbst wird verändert. Das

---

[6] Das Ziel bei der teilnehmenden Beobachtung ist es, soziale Vorgänge und Verhalten in einem möglichst ungestörten Ablauf zu erfassen. Genau dieser wird jedoch durch die Anwesenheit des Beobachters gestört. Das Beobachterparadox findet man im Übrigen auch in der Physik, hier in der Quantenmechanik: In ihr besitzt ein Objekt keine feststehenden und exakten, sondern nur mögliche Eigenschaften. Je nachdem wie sich der Physiker den quantenmechanischen Objekten „zuwendet", z.B. durch eine *Ortsmessung, entsteht* erst der Ort. Solange keine Messung vorgenommen wird, *existiert* (d.h. er ist nicht nur nicht messbar) auf dieser Ebene der physikalischen Welt der Ort des Objektes nicht. Erst die Messung verändert die Wahrscheinlichkeiten des Objektes so, dass sich der gemessene Ort als verwirklichte Möglichkeit ausweist. Das

macht im Übrigen auch deutlich, warum Reliabilität in der Feldforschung so nicht herstellbar ist. Das Feld (und der Forscher) verändern sich permanent. Oder anders: Sobald man als Sozialwissenschaftler das ‚Labor' verlässt, treten überall Störungen in der ‚Versuchsanordnung' auf. Nichts bleibt, wie es ist, nichts lässt sich wieder auf ‚Anfang' stellen.

So beinhalten die Daten des Feldforschers selbstredend immer auch die Spuren des Forschers (und man könnte die Daten diesbezüglich analysieren).[7] Dem Feldforscher ist es angeraten, möglichst viele seiner Vorannahmen zu explizieren. Der fremde Forscher, der sich den Daten zuwendet, besitzt nun nicht das *Körperwissen*, die Felderfahrung, die sich in ihm eingeschrieben hat, wenngleich er (in der Regel) auch Vorannahmen zum Feld und dem zu bearbeitenden Thema hat. Dieser Nachteil – das fehlende *Körperwissen*, das der Feldforscher seismographisch aufnimmt – wird dadurch ausgeglichen, dass er ein Maß an Distanz und Unbefangenheit an den Tag legen kann, die der mit dem Feld verbundene Forscher so nicht erreichen kann. Die Distanzierung von den Daten im Rahmen der Analyse fällt ihm leichter, da er mit den Daten nicht *verbunden* ist. Ein fremder Blick auf das Datenmaterial kann solcherart Feedbackimpulse verringern. Das meint Folgendes: Gewisse bereits in der Phase der Datenerhebung vom Forscher ans Feld herangetragene Vorannahmen und latente Deutungsangebote kann ein Forscher im z. B. transkribierten Interview oder in Feldnotizen erneut finden. Diese – bereits im Rahmen der Datenerhebung latent hineingetragenen Analyseangebote – können zu einem Feedback im Rahmen der Analyse der Daten werden. D. h., man erhöht ungewollt die Wahrscheinlichkeit, das zu finden, was man finden wollte. Der datenerhebende

---

[7] Dies wäre z.B. dann sinnvoll, wenn man genau die Frage stellt, wie ein Forscher vom Feld beobachtet wird. Diese Frage, wenn auch hier kurz erwähnt, wird in der weiteren Analyse keine Rolle spielen.

Feldforscher wird dergestalt nicht ‚erster', hervorgehobener Interpret seiner Daten, sondern auch nur einer unter anderen. Für die Datenanalyse durch einen fremden Forscher kann dieser Umstand von Vorteil sein. Denn eine solche *Triangulation* der Interpreten ist ein Gütekriterium für eine als positiv deklarierte Multi-Perspektivität, da sie eine weitere Validitätsinstanz (unterschiedliche Interpreten) etablieren kann. Ungenommen bleibt der Umstand, dass es sich in beiden Fällen um ein spezifisches Konstruktionsniveau der erhobenen Daten handelt. Die erhobenen Daten sind bereits durch den Erheber im Rahmen der Erhebung ein Konstrukt erster Ordnung. Allerdings folgt daraus nicht zwangsläufig, dass ein sich den Daten zuwendender fremder Forscher sogleich Konstruktionen zweiter Ordnung anfertigt. Denn, wie bereits erwähnt, treten beide Forscher – jener, der die Daten erhoben hat und ein fremder Forscher – den Daten im Rahmen der Analyse als gleichrangige Interpreten gegenüber.

1.2 Datenmaterial und Vorgehen

Für die nachfolgenden erarbeiteten Aspekte wurden insgesamt sechs leitfadengestützte Interviews und die Feldnotizen zweier Feldaufenthalte mittels der hermeneutischen Wissenssoziologie analysiert. Dabei wurden die Interviews mit der Software MAXQDA kodiert. Die wissenssoziologische Hermeneutik sucht in ihrer Analyse nach den intersubjektiven Bedeutungen von Handlungen. In diesem Fall wurde begonnen, in Anlehnung an die Frage, ob oder inwieweit sich durch den Einsatz neuer Medien die Kommunikationskultur bei der Polizei verändert, die Interviews zu kodieren. Es wurden Sinnfiguren gesucht, die daran anschließend erneut an den Text gelegt wurden. Es geht bei diesem Vorgehen also in erster Linie nicht nur darum, den subjektiv gemeinten Sinn von Aussagen zu erarbeiten, sondern um das Auffinden von intersubjektiver Bedeutung gewisser

Handlungen (vgl. I.) sowie der Rekonstruktion von möglichen Deutungsmustern.

Gehen wir nach dieser kurzen methodologischen Perspektive zurück zum eigentlichen Anliegen und Ablauf der nachfolgenden Untersuchung. Zusammengefasst sieht ihr Programm wie folgt aus: Zunächst soll im Rahmen einer kurzen Erfassung des Verhältnisses von oraler und literaler Kommunikationskultur, wie sie Reichertz in seiner Studie von 1991 vorgefunden hat, der vergangene Zustand wiedergegeben werden. Daran anschließend wird ein kurzes theoretisches Kapitel grundlegende Aspekte oraler und literaler Kulturen darlegen. Mit diesem *Rüstzeug* ausgestattet soll dann das hier genutzte empirische Material vorgestellt und interpretiert werden. Ein daran anschließendes Kapitel verdichtet die Ergebnisse der Interpretation dann vor der Hintergrundfolie oraler und literaler Kommunikationsformen, bevor ein kurzer Abschluss die zentralen Motive nochmals zusammenfasst. Vorhandene Redundanzen in der Darstellung sind einmal bedingt durch das zunächst darstellende und dann analytische Vorgehen und zum anderen verursacht durch thematische Überschneidungen in den Analysepunkten.[8]

---

[8] So lassen sich beispielsweise gleiche Textstellen für zwei unterschiedliche Analysepunkte verwenden.

2. Aufklärungsarbeit – Reichertz' Studie von 1991

Jo Reichertz' Studie zur Aufklärungsarbeit diente dem Projekt als an- und absetzende Referenz. Im Rahmen dieses Aufsatzes soll zunächst ein Blick auf die Kommunikationskultur bei der Polizei im Allgemeinen und auf das Verhältnis von oraler und literaler Kommunikation im Besonderen geworden werden, wie sie sich im Jahre 1991 bei der Polizei im Rahmen der Aufklärungsarbeit, aber auch im alltäglichen Umgang darstellt.

Bereits bei der Darstellung des Feldzuganges zeigen sich zwei unterschiedliche Kommunikationsformen. Reichertz wurde nach der schriftlichen Beantragung und der Zustimmung durch den Innenminister und den Regierungspräsidenten zu einem Gespräch mit dem Polizeipräsidenten eingeladen. Dazu kam der Leiter der Abteilung. In diesen Gesprächen wurde ihm die Unterstützung für sein Vorhaben zugesichert (vgl. Reichertz 1991: 132).

Bereits die Einführung in das Feld war dergestalt eine durch Sprache hervorgerufene, die Vorstellungen erfolgten persönlich und unmittelbar. Ein Schreiben (Bescheinigung) wurde zudem ausgestellt, die die Teilnahme von Reichertz und die Erlaubnis dazu zum Ausdruck brachte (vgl. Reichertz 1991: 132). Das persönliche Gespräch auf der einen und ein Schriftstück auf der anderen Seite waren – was die Regel ist – solcherart Teil des Prozesses, der zum Feldzugang führte. Im Feld selbst stieß Reichertz dann auf ganz unterschiedliche Formen und Räume des Austauschs der PolizeibeamtInnen untereinander. Einen besonderen Raum hat Reichertz in der sog. Teeküche ausgemacht. Ein Schild an der Tür zeichnet den Raum als „Kommunikationsraum" aus (vgl. Reichertz 1991: 135). Dort ist es ein Kommen und Gehen, es handelt sich um eine Art Gemeinschaftsraum, Kaffee wird getrunken, allgemeine Gespräche geführt (vgl. Reichertz 1991: 136). Eine Begründungspflicht für die Anwesenheit dort gibt es nicht. Der Raum selbst beinhaltet entsprechend eine eigene soziale Praxis, er baut z.B. Hierarchien ab, indem jeder seine Tasse selbst spült und sich unaufgefordert um ausreichend Kaffee kümmert. Er ist ein allgemeiner Treffpunkt der Gruppe, auch sind dort regelmäßig KollegInnen aus anderen Kommissariaten zu Gast. Es werden aktuelle oder abgeschlossene Fälle diskutiert und zwar nicht in Vieraugengesprächen, sondern für alle Zuhörer frei. Die Teeküche spielt damit für den Austausch spezifischen, aber auch unspezifischen Wissens eine zentrale Rolle. Durch allgemeine Erzählungen und Gespräche ergeben sich fortlaufend Möglichkeiten, Neues zu erfahren oder auf eine „Idee" gebracht zu werden. Sie bietet demnach einen Raum für den Zufall und ist eine implizite Bejahung, dass Polizei mit kontingentem Wissen arbeitet und arbeiten muss (vgl. Reichertz 1991: 263). Die Teeküche – auf die im späteren Verlauf des Beitrages nochmals mehrmals eingegangen wird – ist darüber hinaus ein Beispiel für die orale Kommunikationskultur bei der Polizei, die gepflegt und als notwendig erachtet wurde. Die orale Kommunikation unterstützt oder genauer: bildet erst die Grundlage dafür, dass unspezifisches Hintergrundwissen ineinanderfließen kann; Wissensbestände lassen sich nicht eindeutig ab- oder eingrenzen, sondern fließen ineinander, so z.B. berufliches oder privates Wissen, fallspezifisches Wissen, allgemeines Lebenswissen usw.

Ein weiteres Beispiel für mündliche Kommunikation und ihre Bedeutung bei der Polizei ist das kollektive „Geschichtenerzählen", wobei mitunter auch Einzelgeschichten vorgetragen werden. Bei diesen Geschichten geht es nicht um das Hervorheben einzelner Personen, sondern meist um besondere Sachverhalte, Zufälligkeiten – und die spielen damit wiederum auf das bereits erwähnte kontingente Wissen an – oder ausgefallene Beispiele, die als Typus für gewisse Handlungen oder Sichtweisen stehen. Die Erzählungen beinhalten also immer auch eine implizite „Moral von der Geschichte", z.B. den

‚Meister Zufall', permanente Wachsamkeit, Alarmbereitschaft, dem Zufall eine Chance geben, die Wichtigkeit von Teamarbeit usw. Diese Erzählungen werden nicht aufgeschrieben, wenn man einmal davon absieht, dass sie rein faktisch in einer Fallakte vorzufinden sind. Die Geschichten sind Teil der Kommunikations- und Wissenskultur in der Polizei, die zugleich auch den Rahmen einer Selbstdeutung des Handelns bildet. Dabei stehen diese Geschichten dem Mythos näher (Orientierungsfunktion) als dem Logos (rationaler Handlungsablauf). Man trifft dergestalt in dem von Reichertz untersuchten Feld auf eine in Geschichten repräsentierte Welt (vgl. Reichertz 1991: 272). Die Erzählungen haben dabei zugleich die Funktion der Vergemeinschaftung (vgl. hierzu Kapitel II./5). Gemeinschaft- bzw. Gruppen- oder Teamarbeit kommen als soziale Formationen hinzu. In der Regel ist Aufklärungsarbeit immer Gruppen-, d.h. Gemeinschaftsarbeit (vgl. Reichertz 1991: 187 und 219), und die Abstimmung innerhalb dieser erfolgt in der Regel mündlich. Auch das Streife fahren erfolgt in der Regel in Zweierteams. Die gegenseitige Sicherung spielt hier eine wichtige Rolle. Aber der Partner *dient* zugleich auch als Dialogpartner, dem man seine Vermutungen mitteilen kann, der zum Wissensaustausch bereit ist und für den man gezwungen ist, sein Wissen zu explizieren (vgl. Reichertz 1991: 277), d.h. in Worte zu fassen. Zugleich vollzieht sich im Rahmen eines solchen Miteinanders die Diskrepanz der beiden Relevanzsysteme (vgl. Schütz 1982), was soviel meint, dass sich im Rahmen des gemeinsamen Arbeitens und des Rückgriffs auf gemeinsame Erfahrungen das Verständnis untereinander verbessert. Unabhängig davon, ob in Zweierteams oder in der Gruppe gearbeitet wird, die Repräsentation nach außen als eine Einheit ist von zentraler Bedeutung. Eine solche einheitliche Außenwirkung wird – unabhängig von der optischen Einheitlichkeit durch Uniformen – durch gemeinsames und möglichst widerspruchsfreies Handeln erzeugt. Und dieses gelingt dauerhaft nur – so lässt sich unterstellen – durch fortlaufende Kommunikation untereinander. Wenn die Beamten Streife fahren, sind sie insofern unabhängig, als dass es ihre eigene Entscheidung ist, auf was sich ihre Beobachtungen konzentrieren und was ggf. protokolliert wird. „Wenn sie glauben, etwas Wissenswertes in Erfahrung gebracht zu haben, dann schreiben sie am Ende der Nachtschicht einen Beobachtungs- und Feststellungsbericht, der dann später (noch am selben Morgen) routinemäßig alle Kriminalkommissariate durchläuft. Die einzelnen Ermittler in den Kommissariaten können im weiteren selbst entscheiden, ob sie sich von dem Bericht eine Kopie machen, sich nur einige Dinge herausschreiben oder ihn einfach vergessen" (Reichertz 1991: 261).

Ein weiterer Aspekt im Rahmen einer oralen Kommunikationskultur bei der Polizei ist das allmorgendliche Treffen z.B. der Ermittler einer Mordkommission (MK), die sich in einem dafür zugeteilten Raum gegenseitig über die am Vortag erlangten Erkenntnisse informieren. Zugleich werden persönliche Kommentare zu Spuren gegeben, Zeugenaussagen vorgetragen und diskutiert. Dort findet auch die unmittelbare Abstimmung des weiteren Vorgehens statt (vgl. Reichertz 1991: 238).

Wenn bisher vermehrt Beispiele für die orale Wissensweitergabe und Kommunikation bei der Polizei dargestellt wurden, soll darüber nicht vergessen werden, dass aus gutem Grund zugleich das ‚Prinzip der Schriftlichkeit' existiert. Neben offiziellen Dienstanordnungen, der Führung einer Fallakte, Gutachten, Beobachtungsprotokollen usw. spielt das Protokollieren z.B. von Zeugenaussagen eine grundlegende Rolle. Denn durch die schriftliche Fixierung ist später nicht nur eine Nachführbarkeit, wer was gesagt hat, möglich, sondern Protokolle können immer wieder und von allen anderen Mitgliedern z.B. einer Mordkommission angesehen und ausgedeutet werden. Durch Schriftlichkeit (z.B. Protokoll) werden Aussagen operationali-

sierbar und rekonstruierbar. So sollen beispielsweise der Tatortbe-
fundbericht und der Spurensicherungsbericht die Rekonstruktion
von Tatsituation und Tatgeschehen ermöglichen.[9] Die Verschriftlichung bzw. Protokollierung der *Welt* sollen hier die bereits erwähnte
Nachführbar- und Nachvollziehbarkeit und Rekonstruktion ermöglichen. Und damit dient die Schrift – im Rahmen der Studie von Reichertz aus dem Jahr 1991 – innerhalb der Polizei vor allem auch als
Erinnerungs-, als Mnemotechnik, während die mündliche Kommunikation besonders die unmittelbare Praxis umfasst und selbst eine
besondere soziale Praxis ist.

Um sich die zentralen Unterschiede einer oralen und literalen Kultur
zu vergegenwärtigen, sollen im nächsten Kapitel ihre jeweils wesentlichen Aspekte markiert werden.

---

[9] Für die Schwierigkeiten solcher Berichte vgl. Reichertz 1991, 225 ff.

3. Orale und literale Kommunikationskultur

Im Rahmen der westlichen Kulturgeschichte hat sich die Schrift als *ausgezeichnetes* Medium für die Produktion, Speicherung und Distribution von Wissen und Informationen durchgesetzt und bewährt. Das schriftliche Fixieren von Informationen und Wissen – d.h. die Fixierung im Rahmen eines Zeichensystems – ist nicht nur anders als die orale Weitergabe von Wissen, sondern hat auch zu unterschiedlichen Weltbildern und daran anschließend einem anderen Verständnis von Wissen, Individualität und Kultur geführt (vgl. z.B. Röcke/Schaefer 1996, Ong 1987). Die Vielfalt der Techniken zur Informationsweitergabe beschränkte sich in der Vergangenheit nicht nur auf die Wahl zwischen Schrift und gesprochenem Wort. Bevor die Schrift sich als Zeichensystem entwickelte, fixierten Menschen bereits durch Bilder (z.B. Höhlenmalerei) Informationen auf Steinen, Höhlenwänden oder Felsen. Auch in heutiger Zeit hat sich diese Form des Informiertwerdens nicht gänzlich überholt, wenn man an die Bildtechnik z.B. im Rahmen von Möbelaufbau-, Betriebsanleitungen o.Ä. denkt. Solche Bildsequenzen boten und bieten dem Menschen die Möglichkeit eine Ordnung der Dinge, eine Reihenfolge (und damit Chronologie) zu gestalten. Neben der Bildtechnik benennt Haarmann (Haarmann 1990) zudem die Symboltechnik als sprachunabhängige Form der Informationsfixierung und Weitergabe. Hier gilt es zu unterscheiden:

> „Im Fall von Bildsymbolen wird der Inhalt eines Bildmotivs bereits durch dessen figurative Assoziation zu bekannten Dingen vorgegeben (Sporenrad), und der Symbolwert entsteht im Rahmen einer figurativen Ausdeutung, d.h. einer Übertragung auf einen figurativ ähnlichen Begriff (Sonne). Bei abstrakteren oder stilisierten Symbolen dagegen ist der Inhalt nicht figura-

tiv vorgegeben, und insofern kann man ein solches Symbol nicht erkennen, außer man kennt den Kode, nach dem es ‚verschlüsselt' ist" (Haarmann 1990: 50).

Ein Punkt (.) lässt sich im Rahmen dieses Aufsatzes dann als ein orthographisches Zeichen verstehen. Nur seine Anbindung an dieses Zeichensystem lädt ihn symbolhaft auf. „Und nur, wenn man weiß, zu welchem Zeichensystem der Punkt gehört, kann man seinen Symbolwert erschließen (vgl. Haarmann 1990: 51).[10]
Dergestalt lassen sich bereits vor der Entwicklung der Schrift Fixierungsversuche und -methoden konstatieren. Die uns heute so vertraute Schrift ist der aktuelle Stand dieser Entwicklung. Sie ist die bedeutende Mnemotechnik unserer Kultur geworden, „sie garantiert einen Akt des Wiedererkennens und Erinnerns" und stellt „den zentralen kulturellen ‚Gedächtnisspeicher'" (Kloock/Spahr 2007: 240) vieler Gesellschaften dar. Vor der Entwicklung der Schrift und in schriftlosen Gesellschaften übernahm und übernimmt dies die *in Form gebrachte* gesprochene Sprache.

Der Wandel, der sich durch den kulturellen Prozess von der Oralität zur Literalität, vom gesprochenen hin zum geschriebenen Wort vollzogen hat, zeigt die „Medienabhängigkeit unseres Denkens, unserer Wahrnehmung" (Kloock/Spahr 2007: 237) unserer Kultur. Gesprochenes und geschriebenes Wort sind nicht nur nicht identisch, sondern beinhalten ganz unterschiedliche Techniken der Erzeugung, Speicherung und Weitergabe von Wissen und konstituieren ganz eigene Erfahrungsräume und soziale Situationen, die sich nachhaltig auf den Menschen, sein Handeln und die Welt ausgewirkt haben. Oder mit den Worten von Havelock: „Literalität, obwohl von der bei der Niederschrift verwendeten Technologie abhängig, darf nicht

---

[10] Die Übergänge zwischen Bild, Symbol und letztlich Schriftzeichen sind mitunter fließend.

32

durch die simple Existenz dieser Technologie definiert werden. Sie ist vielmehr ein sozialer Zustand, der nur von der Lesefähigkeit her definiert werden kann" (Havelock 1990: 511).

Wenn wir heute das Alphabet zum Schreiben benutzen, dann ist das „eine der größten Selbstverständlichkeiten [des] Alltagslebens" (Haarmann 1990: 13). Diese Alltagssichtweise übersieht, dass „[d]ie Ausbildung eines Alphabets [...] ein langwieriger und enorm kompli-zierter Prozeß [war], der sich über viele Jahrhunderte hinzog" (Haar-mann 1990: 13). Die Schrift war und ist nicht nur ein Werkzeug, mit dem Informationen auf neue Art gespeichert und verteilt werden konnten, sondern sie dient und diente weithin als Zeichen für den Menschen als Kulturwesen, als Zeichen seiner Zivilisiertheit (vgl. Ha-velock 1990: 39). „Hinter einer einseitigen Hochachtung der Schrift verbirgt sich eine Geringschätzung des gesprochenen Wortes und der in vielen Teilen der Welt lebendigen mündlichen Überlieferung von Literatur (orale Tradition genannt)" (Haarmann 1990: 14). Die Mehrzahl der Weltbevölkerung auf der Erde sind Sprecher einer Sprache, die zu den Schriftsprachen gehört, wenngleich die Mehr-heit aller Einzelsprachen (etwa 85%) schriftlos sind (vgl. Haarmann 1990: 15).

Mündlichkeit ist durch das Fehlen eines externen Speichermediums geprägt. Geschichtliches Wissen reicht daher meist nur über drei bis vier Generationen zurück. Längere, umfassendere und über Genera-tionen hinausreichende Erfahrungen werden in mythischen Erzäh-lungen oder – komplexer – in Mythologien gefasst und oral tradiert. Oralität zielt insofern stark auf Unmittelbarkeit, als dass nur das Wissen bewahrt wird, das gebraucht wird. Wissen, das nicht ge-braucht wird und keinen unmittelbaren Zweck erfüllt – und sei es als unterhaltende Geschichte (Mythos) über die Entstehung der Welt und die Stellung des Menschen im Kosmos – wird nicht erzählt, wird nicht erinnert und somit vergessen. Aber auch das Erinnerte wandelt sich durch die orale Weitergabe. Und dieser Vorgang beschleunigt sich, wenn Gesellschaft und der Handlungsalltag sich wandeln. Da es keine Referenz, keinen Text o. Ä. zum Abgleich oder zur Orientierung gibt, findet dieser Wandel nahezu unmerklich statt. Das Wissen ist unmittelbar an das Handeln, auch an die Handlung des Zeigens gebunden. Änderungen lassen sich daher zum einen besonders durch die Änderungen im Alltag hervorrufen, und zum anderen sind diese Änderungen im Wissen – aufgrund fehlender Referenz – kaum rückgängig zu machen; zumal, wenn das Wissen auf orale Überlieferungen von Generationen fußt. Der Ort des Wissens ist dergestalt das Bewusstsein der Menschen. Und nur durch unmittelbare Weitergabe des Wissens von einem zum anderen bzw. der Verteilung des Wissens auf viele Köpfe einer Gruppe, Gemeinschaft oder Gesellschaft ist sichergestellt, dass das Wissen nicht verloren geht. Das Wissen ist im Besitz der Gemeinschaft, wenngleich nicht alle Gemeinschaftsmitglieder den gleichen Wissensbestand haben müssen. Vielmehr gab es in oralen Kulturen privilegierte Schichten, Gruppen oder Kasten, die aufgrund ihres Wissen eine exaltierte (Macht-)Stellung in ihrer Gemeinschaft hatten und ihr Wissen nur an Nachfolger weitergaben. Durch gewisse Mnemotechniken bewahrten sie ihr Wissen und teilten es über bestimmte Darstellungsweisen mit Anderen (z. B. Lieder oder andere sprachrhythmische Formeln, mimetische Darstellungsweisen im Vortrag usw.). „Solche Kulturen folgen normalerweise der Praxis, die Rhythmen verbaler Metren zu verstärken, indem sie sie mit den Rhythmen von Tanz, Musikinstrumenten und Melodie verbinden" (Havelock 1990: 79). Die Performativität spielte solcherart eine wichtige Rolle. Dabei ging es nicht ausschließlich um eine wörtliche Wiedergabe der Wissensinhalte (oder Geschichten), sondern vielmehr um die Beibehaltung von Handlungs- und Erzählketten. Die Erzähl- oder Darstellungsinhalte waren dergestalt immer ähnlich, aber nie gleich.[11] Die Verbundenheit oral vermittelter Wissensinhalte mit dem je eigenen Körper wird auch daran deutlich, dass die Stimme und Stimmlage den Wissensinhalt mit einer zusätzlichen Bedeutung unterlegt. Die Betonung des Gesprochenen und die mimetische und gestische Aufladung kann z.b.Wichtiges hervorheben und unterstreichen. Wenn Wissen nun an Körper und Gedächtnis Einzelner gebunden ist, so liegt darin ein Machtpotential. Die Schrift und mit ihr die mögliche Fixierung des Wissens ermöglichte erst das Auflösen solcher Machtstrukturen, wenngleich zunächst die Wenigen (besonders die Priester und Mönche im Mittelalter der westlichen Welt),[12] die des Schreibens mächtig waren, dadurch ihre besondere (Macht-)Stellung festigten. Letztlich aber wurde diese Exklusivstellung durch die Verbreitung und dem Emporsteigen des Schreibens als einer Kulturtechnik aufgelöst. Und noch heute gelten die Fähigkeiten des Lesens und Schreibens als Grundlagen für das Erschließen gesellschaftlichen Wissens, sie sind zu zentralen Kulturtechniken geworden. Der Leit- und Wahrheitscharakter des Mythos, der in oralen Kulturen als gegeben gesehen wurde, verliert sich schleichend, wenn er aufgeschrieben und aus Mythos *Geschichte* wird. Durch seine schriftliche Fixierung kann er fortwährend beschaut und kritisiert werden. Zugleich ermöglichte und beförderte das Fixieren von Wissen – und die unterstellte Eindeutigkeit der Buchstaben – „definitorische Verfahren, mithin

---

[11] Ein ähnliches Prinzip findet man auch in der Commedia dell arte, dem improvisierten Schauspiel. Zwar waren die dargestellten Geschichten situativ, aber die Schauspieler konnten auf einen großen darstellerischen Fundus zurückgreifen, der ihnen dabei half, unverzüglich auf neue Darstellungserfordernisse einzugehen. Vgl. Bidlo 2017: S. 75 ff.

[12] Gerade der Benediktinerorden war im Mittelalter der Hüter der Bücher. Und auch heute noch sind eine Reihe der berühmtesten Bibliotheken im Besitz des Ordens. Man denke an die spätbarocke Stiftsbibliothek und größte Klosterbibliothek der Welt im Stift Admont. Der Leitspruch des Benediktinerordens war derweil: „Ora et labora et lege" („Bete und arbeite und lies").

Wissenschaft. So wie die Buchstaben selbst schon ein Baukasten-prinzip darstellen, kann das angehäufte Wissen [...] geordnet und in eine Taxonomie eingereiht werden, die noch heute die wissenschaft-lichen Disziplinen abbilden" (Loos 1998: o.S.).

Geschriebenes und Gesprochenes sind in ihrer kulturellen Tradition unterschiedlich. Bedeutsam sind beide, wie sich anhand vieler in den Sprachgebrauch eingegangener Sinnsprüche verdeutlicht. Wir haben etwas „schwarz auf weiß" oder handeln in einem „buchstäbli-chen" Sinne. Umgekehrt geben wir jemandem unser „Wort" oder wir geben jemandem ein Versprechen (die Vorsilbe „ver" meint hier eigentlich „vor", ähnlich wie bei dem Begriff der „Verantwortung"). Während die auf das Schreiben zielenden Beispiele auf Exaktheit und Eindeutigkeit hinweisen, zielen die auf das Sprechen deutenden Beispiele auf die Verbindung von Wort, Person und der zu bespre-chenden Sache. Wort und Person sind miteinander verbunden, man muss für sein Wort einstehen. Und in einem früheren, magischen Denken konnte man durch das Aussprechen von Namen Macht über die Angesprochenen erhalten.[13] Noch heute nennen wir Dinge „beim Namen", wenn es darum geht, die wahre Natur einer Sache oder Umstandes zu zeigen. Das gesprochene Wort stellt eine Ver-bindung her zwischen dem, der spricht, dem, worüber er spricht und dem, der angesprochen wird. Die „Kommunikationsmacht" bzw. „Sprache und Sprechen als Quelle der Macht" (Reichertz 2009: 202) offenbaren sich besonders im ausgesprochenen Wort. Die Macht des Wortes und der alte Glaube an die magische Verbindung zwischen Bezeichnendem und Bezeichnetem wurden übrigens in der Literatur, und hier besonders in der Phantastik, oft dargestellt. Man denke z. B. an Grima Schlangenzunge, der im Fantasyepos „Der

---

[13] Man denke zum Beispiel an das Märchen „Rumpelstilzchen" und den Aus-spruch: „Ach wie gut das niemand weiß, dass ich Rumpelstilzchen heiß". Mit der Kenntnis und dem Aussprechen des Namens verliert Rumpelstilzchen seine Macht.

Herr der Ringe" nur durch die Macht seiner Worte Menschen „ver-zaubern" konnte. Zudem ist darauf hinzuweisen: Ein geschriebener Zauberspruch hatte erst dann eine Wirkung, wenn er ausgesprochen wurde. Die alleinige Existenz in einem Buch reichte für seine Wirkung nicht aus. Verlässt man das Feld der phantastischen Literatur, findet man z. B. in der Propagandaforschung anschauliche Beispiele, wie durch Reden und gesprochene Sprache Massen in Wallung gebracht wurden. Die Wichtigkeit von gesprochener Sprache fand auch Eingang in Freuds Psychoanalyse und er betont:

„Worte waren ursprünglich Zauber, und das Wort hat noch heute viel von seiner alten Zauberkraft bewahrt. Durch Worte kann ein Mensch den anderen selig machen oder zur Verzweiflung treiben, durch Worte überträgt der Lehrer sein Wissen auf die Schüler, durch Worte reißt der Redner die Versammlung der Zuhörer mit sich fort und bestimmt ihre Urteile und Entscheidungen. Worte rufen Affekte hervor und sind das allgemeine Mittel zur Beeinflussung der Menschen untereinander. Wir werden also die Verwendung der Worte in der Psychotherapie nicht geringschätzen" (Freud 2000: 43).

Orale Kommunikation beinhaltet dergestalt nicht nur eine besondere Form der Wissensweitergabe und -speicherung, sondern stiftet in besonderem Maße eine Beziehung, die sich z.B. auch in einem Machtverhältnis äußern kann. Natürlich ist die orale Wissensweitergabe mit dem Aufkommen der Schriftkultur (auch heute) nicht verschwunden. So wird vor allem bei Kindern, aber auch darüber hinaus, Wissen durch Erzählungen und die Handlungen des Zeigens der Praxis (z. B. das Radwechseln oder das Bettenbeziehen) generiert und tradiert. Allgemein bei der Entwicklung der Schriftkultur nicht von einer monokausalen und damit einhergehenden Verdrängung der Mündlichkeit gesprochen werden. Vielmehr hat sich in der Moderne, auch und vor allem aufgrund technischer Entwicklungen, eine – wie Ong es nennt – „sekundäre Mündlichkeit" (vgl. Ong 1987: 136, aktueller z.B. vgl. Wiethölter/Pott/Messerli 2008) entwickelt, die sich durch das Radio, Fernsehen, Telefon, Aufzeichnungsgeräte etc. abbilden.

Belässt man es bei dieser Kurzdarstellung von Schriftlichkeit und Mündlichkeit und stellt destillierend nochmals die markanten Unterschiede und Eigenheiten heraus, die mit der jeweiligen Kommunikationsform verbunden sind, lässt sich Folgendes zusammenfassen. Kommunikation in einer oralen Kultur ist *teilnehmend* und identitätsbildend. „Lernen oder Wissen bedeuten in einer oralen Kultur eine nahe, einfühlende, kommunizierende Identifikation mit dem Wissensstoff" (Ong 1987: 50), der wiederum nicht von der kommunizierenden Person getrennt werden kann. Es wird mit dem ganzen Körper gesprochen, das Gesagte wird über Körperlichkeit ausgedrückt (Stimme) und durch Körperlichkeit (Gestik, Mimik, stimmliche Modulation) zusätzlich *bedeutet* und ist in und an eine soziale Situation gebunden.

Mit der Entwicklung und Etablierung der Schrift (und des Lesens) lösen sich Wissensinhalte von Personen ab und der Wissenserwerb verlagert sich aus einer sozialen Situation hin zu einem individuellen Akt des (stillen) Lesens. Aufgrund der dauerhaften Zeitlichkeit des Niedergeschriebenen werden Reflexion, Kritik, Formalisierung und Standardisierung möglich. Das Geschriebene – und damit die Wissensinhalte und die sie hervorgebrachte Person – werden dauerhaft *sichtbar*.

Im Hinblick auf die nun nachfolgende Materialdarstellung und anschließende -analyse dienen die Ausführungen zur Oralität und Literalität als Hintergrundfolie.

4. Materialdarstellung und -analyse

Für die nachfolgende Darstellung und Analyse wurden zum einen Feldnotizen als Materialgrundlage herangezogen. Die hier vorge - nommene Auswahl der Feldnotizen folgt keiner besonderen Logik. Neben der Auswertung der Feldnotizen wurden auch Interviews analysiert. Dies dient in diesem Zusammenhang dazu, das Feld „selbst" sprechen zu lassen – und dies nicht nur durch die Eindrücke des Forschers bei dem Feldaufenthalt – und insoweit eine breitere Datenbasis zu erhalten. Die zu analysierenden Interviews wurden mittels eines Leitfadens grob strukturiert. Der Leitfaden beinhaltete folgende Schwerpunkte, die sich aus der Projektfragestellung erge - ben haben und die im Verlauf des Projektes aufgrund der laufenden Analysen fortlaufend angepasst wurden:

- Es wurden Fragen nach dem durchschnittlichen Arbeitsalltag gestellt, d.h. mit welchen Arbeiten der Tag beginnt und was die konkreten Aufgaben sind.
- Ein Thema war die Frage nach Entscheidungsprozessen: Wie wird entschieden, wie wird sich mit anderen abgesprochen?
- Zudem wurde nach dem Einsatz eines Computers und der verwendeten Software gefragt. Auch die Frage nach dem Wie der Vermittlung von Wissen in diesem Bereich wurde gestellt.
- Abschließend wurden einige biographische Fragen und Daten zum beruflichen Werdegang ermittelt.

Wichtig für den Verlauf des Interviews war die nur grobe Gliederung des Gespräches durch die o.g. Aspekte. Im Sinne einer offenen Ge - sprächsführung und der jeweiligen Interaktionsfreudigkeit des Inter - viewpartners konnten sich eigene Gesprächsschwerpunkte entwi - ckeln. Für die hier vorgenommene Auswertung und Analyse wurden fünf Interviews zugrunde gelegt, die durch Feldnotizen ergänzt wurden. Dabei werden im weiteren Verlauf nicht alle Aspekte des Leitfadens analysiert, sondern der Schwerpunkt auf das Verhältnis von Oralität – mündliche Gespräche, Telefonate und unmittelbare Face-to-Face-Treffen – und Literalität (E-Mails, Briefe etc.) gelegt. Der Grund hierfür liegt in der bereits erwähnten Ausgangsthese, dass es durch den Einsatz neuer, auf Literalität angelegter Medien zu einer Veränderung der bisher auf Mündlichkeit basierenden Arbeitspraxis kommt.

4.1 Feldforschung und Interviews

Dass der Computer und die digitalen Medien auch bei der Polizei Einzug erhalten haben, ist zunächst eine triviale Feststellung. Im Rahmen eines kurzen Feldberichtes soll zunächst die erste Berührung mit dem Feld dargestellt und anschließend beschaut werden, wie die neuen Medien dort verankert sind und genutzt werden. [14]

Der Feldforscher[15] hatte die Möglichkeit, eine Polizeidienststelle einige Wochen zu besuchen. An einem Feldaufenthalt ging er ins Büro von Herrn Schnitzler, dem Leiter der Polizeidienststelle, mit dem er verabredet war. Herr Schnitzler saß am Rechner und sagte, dass er gerade das mache, was er leider jeden Morgen machen müsse, nämlich die Anzeigenmeldungen des Vortages (in dem Fall Wochenende) zu sichten. Der Feldforscher merkte an, dass durch Email paradoxerweise mehr Papier produziert würde als früher ohne Email. Daraufhin sagte er, dass er die Anzeigenmeldungen ohnehin später in Papierform bekomme, die durch die digitale Form quasi angekündigt würden. Anschließend lud Herr Schnitzler den Feldfor-

---

[14] Personen (Name, Geschlecht und Alter) und Orte wurden anonymisiert.

[15] Die im Nachfolgenden ausgewiesenen Zitate sind direkt aus der Feldnotiz des Feldforschers entnommen. Die Feldnotizen und Interviews wurden mit einer Benennungskodierung (z.B. MH1) versehen, dahinter findet sich die Seiten- (bei Feldtexten) oder Zeilenangabe (bei Interviews).

scher ein, mit zur wöchentlich um 7.40 Uhr stattfindenden Montagsversammlung zukommen, bei der alle Leiter und viele Beamte aus
allen Kommissariaten anwesend seien und die Ereignisse des Wochenendes vorgestellt würden. Nach der Versammlung gingen Herr
Schnitzler und der Forscher zurück ins Besprechungszimmer. Dort
saßen fast alle Beamten des K12 zusammen (15 insgesamt) und nah-
men zum Teil ein Frühstück ein. Herrr Schnitzler begrüßte seine Mitarbeiter und stellte den ‚Besuch' kurz vor. „Dann bemerkt er, dass
der Scrollbalken heute wieder besonders lang sei. Alle wissen anscheinend, was damit gemeint ist und seufzten zum Teil kurz auf. [...]
Danach zahle ich – auf meine Nachfrage hin – bei Herrn Schupp
meinen Beitrag in die Kaffeekasse (5 Euro). In der Versammlung werden anschließend einige private Erzählungen vom Wochenende ausgetauscht. Die Versammlung löst sich nach ca. 15 min. allmählich
auf" (MH1: 2). Anschließend folgten der Gang durch Büros und einige lockere Gespräche. Danach kam der Feldforscher wieder zum
Büro von Herrn Schnitzler. „Dort erklärt er mir den Aufbau des PP
Großbergstadt anhand des offiziellen Organigramms und speziell
von K12" (MH1: 2). Dabei schien die Unterscheidung nach Gehalts-
stufen ein zentrales Merkmal zu sein, der Dienststellenleiter Herr
Schnitzler schrieb mit Kuli an manche Stellen im Organigramm die
jeweilige Gehaltsstufe hin. Während seiner Erklärungen kamen immer wieder einzelne Mitarbeiter mit einer bestimmten Frage oder
einem bestimmten Anliegen herein. Nach einer Zeit kam ein Beamter ins Büro, der Herrn Schnitzler wegen eines anstehenden Sofortdienstes ansprach (WM-Halbfinale): Er sei mit seiner Kollegin eingeteilt, hätte aber einen anderen Dienst zur gleichen Zeit zu erledigen.
Herr Schnitzler sah die Problematik und schrieb umgehend eine
Rundmail, wer einspringen könne. Dann zeigte Herr Schnitzler dem
Forscher die Anzeigen vom Wochenende. Er begann, die aufeinan-
dergestapelten Anzeigen auf zwei Stapeln zu sortieren und erklärte

ihm seine Sortierkriterien. Die Tatschwere sei ein wichtiges Kriterium. Wenn es sich um häusliche Gewalt handele, sei die Anzeige dicker (weil ein gesondertes Formular vom Anzeigen aufnehmenden Beamten ausgefüllt werden muss) und werde ebenfalls zu dem „Dringlichkeitsstapel" gelegt. Die Anzeigen, die dort landen, verteile er als Erstes an seine Mitarbeiter. Die anderen würden im Laufe der Woche abgearbeitet, darunter viele „tote Vögel" (Anzeigen, zu denen kein Tatverdächtiger vorhanden und der Ermittlungsansatz entsprechend schwach oder gar nicht vorhanden ist). „Er erklärt mir das vorher kurz angesprochene Meldesystem und mir wird klar, warum er vorhin gegenüber seinen Mitarbeitern davon gesprochen hat, dass der *Scrollbalken* heute wieder sehr lang sei. Er meint damit den Scrollbalken des (Bildschirm-)Fensters mit der Übersicht der zu bearbeitenden Anzeigen. Den Scrollbalken nutzt er scheinbar als Synonym für den Arbeitsanfall, der besonders am Montag sehr hoch sei, wie er mir erklärt" (MH1: 3). Herr Schnitzler gab dem Forscher einen Schlüssel, mit dem er sich im Präsidium frei bewegen könne. Das Angebot, den Erhalt des Schlüssels zu quittieren, lehnte er ab. Er beschrieb dann den Weg zur Kantine, den der Feldforscher kurz darauf einschlug. Nach dem Mittagessen kehrte er in den Besprechungsraum zurück, in dem mehrere Beamte ihr Essen – zum Teil von zuhause Mitgebrachtes, zum Teil aus der Kantine – einnahmen. Er kam dort mit Herrn Althoff ins Gespräch. Dieser erzählte ihm von dem ViCLAS-System, mit deren Hilfe modi operandi von Tätern – allerdings beschränkt auf Mord- und Sexualverbrechen – in einer Datenbank abgeglichen werden könnten. Er ging dabei auf die Kombination von kriminalistischer Kompetenz einerseits und Bedienungskompetenz von Datenbanken andererseits ein. Der Forscher bekam einen (ausgefüllten) Erhebungsbogen zur Ansicht mit und las im Besprechungsraum darin. Der Bogen war sehr umfangreich (über 150 Fragen), was auch ein Grund dafür sei – so Herr Althoff –, dass es sich nur bei schweren Fällen lohnen würde, diesen Weg zu beschreiten, wenn andere Ermittlungswege ausgeschöpft seien.

Anschließend ging der Feldforscher zurück in das Büro von Herrn Althoff und gab ihm den Bogen zurück. Dieser erzählte ihm, dass die Speicherkapazität der Server und Mailkonten sehr begrenzt seien und er deswegen in regelmäßigen Abständen Dateien und Emails löschen müsse, um Speicherplatz für neue zu schaffen. Aus rechtlichen Gründen müssten alle Dokumente, die unterschrieben werden müssten, in Papierform bleiben. Aus Platz- und Datenschutzgründen müsse anderes gelöscht werden, so dass beim „Aufrollen" eines Falles immer die (Papier-)Akte angefordert würde. Denn nur diese enthielte alle Aspekte. Herr Althoff sprach in dem Gespräch bereits einige Probleme bei der Nutzung neuer Medien an: Die Staatsanwaltschaften wollten am liebsten alles in der Akte haben. Bei der Sicherung von Beweismaterial (z.B. Konsum und Vertrieb von Kinderpornographie) müssten rechnergestützte Hilfen genutzt werden. Durch den hohen Arbeitsanfall stünde vielfach nicht die Zeit zur Verfügung, um die einzelnen computergestützten Dienste intensiv nutzen zu können. Auch könne man für jedes Programm häufig nur eher oberflächliche Anwenderkenntnisse erwerben, so dass nur ein Teil der Möglichkeiten genutzt werden könne. Erschwerend käme hinzu, dass die einzelnen Systeme und Software einem raschen Wandel unterlägen und die neueren Versionen häufig nicht mehr kompatibel mit den alten Versionen seien, so Herr Althoff weiter. Dadurch könne man unter Umständen auf Daten aus alten Systemen heute nicht mehr zurückgreifen.

Bei einem anderen Feldaufenthalt traf sich der Feldforscher mit dem Leiter des K8, Herrn Ritter. Herr Ritter empfing ihn freundlich und erzählte ihm, dass einige Polizeipräsidien mittlerweile über Blogs und Foren verfügen, das PP Großbergstadt allerdings bislang nicht. Man könne aber vom Intranet aus auf diese Foren der anderen

Polizeipräsidien zugreifen. Er erklärte dem Forscher kurz den Aufbau und die Tätigkeitsschwerpunkte seines Kommissariats. Die meisten Vorgänge würden – wie im K12 – in Einzelarbeit erledigt. Teamarbeit sei vor allem bei den Rauschgiftdelikten anzutreffen. Außerdem sei derzeit eine Ermittlungskommission eingesetzt, in der ein Beamter des K8 mit Beamten vom Kommissariat für Organisierte Kriminalität (OK) die Aktivitäten eines im Rauschgiftmilieu tätigen Jugendlichen unter anderem mittels Telefonüberwachung verfolgen. „Herr Ritter erzählt mir danach auch ein wenig darüber, dass er über ein gesondertes Laufwerk verfügt, auf das nur er, sein Stellvertreter und ein Sachbearbeiter im Kommissariat zugreifen können. Neue Medien würden auch von einigen seiner Mitarbeiter für Ermittlungen genutzt, indem sie ein Dummy-Profil bei Portalen wie StudiVZ einrichten, um darüber Zugang zu jugendlichen Tätern und Tätergruppen zu finden. Beispielsweise könne man über die virtuellen Netzwerke Personen ausfindig machen. Da viele Jugendliche dort zwar Pseudonyme verwenden, aber Fotos von sich hochladen, könne man mit diesem Foto ins Sekretariat der Schule gehen, die der jeweilige Jugendliche besuche, und dort den Namen erfragen. Die Schule fände man häufig – wenn sie nicht schon im Profil mit angegeben ist – dadurch heraus, dass man sich anschaue, auf welche Schule die meisten seiner virtuellen Freunde gingen" (MH5: 1).

Zurück im K12 rief der Forscher Herrn Lennert an, ob er Zeit für einen kurzen Erfahrungsaustausch hätte, was er bejahte. Zehn Minuten später saß man in seinem Büro. Nachdem der Feldforscher von seinen ersten Erfahrungen berichtet hatte, erzählte ihm Herr Lennert, dass er über den Flurfunk vernommen habe, manche Beamte wären etwas irritiert, dass er z.B. Fahrten zu einer Leiche und zu einem Brandtatort mitmache, da solche Vorgänge und Ereignisse nichts mit der Nutzung neuer Medien zu tun hätten. Anscheinend ist

– so die Schlussfolgerung des Forschers – nicht hinreichend deutlich geworden, dass nicht nur neue Medien, sondern vor allem auch Entscheidungsprozesse im Forschungsfokus stünden. Dann zeigte Herr Lennert an seinem PC die „Auswüchse" der Neuen Medien. Zum Beispiel sei die tägliche „Stärkemeldung", mit wie vielen Beamten das Kommissariat besetzt sei, um einiges komplizierter geworden als mit der früheren Rohrpost. Zusätzlich wies er darauf hin, dass diese Dinge leicht „manipuliert" werden können, da sämtliche Sollstärkenmeldungen der einzelnen Kommissariate auf einem gemeinsamen Laufwerk gespeichert würden, auf das somit jeder K-Leiter Zugriff habe. Herrn Lennert bedauerte, dass durch den Einsatz neuer Medien – nach seiner Wahrnehmung – der persönliche Kontakt zwischen den Beamten abgenommen habe. Er kritisiert die geringe „Lebensdauer" der einzelnen Programme, denn mit jedem Update würde zumindest eine Teileinarbeitung notwendig. Eine große Herausforderung sehe er darin, die durch den Einsatz neuer Medien enorm gestiegene Informationsflut zu sichten, zu sortieren und zu bewerten. Während man selbst zwar Informationen häufig sehr bewusst und gezielt steuern könne und überlegen würde, wem man Kopien von welchem Vorgang weiterleiten kann oder soll, würden sämtliche Lagebilder einfach in großen Verteilern landesweit oder hauptstellenbezirksweit gestreut. „Die neuen Medien bergen – so Herr Lennert weiter – die Gefahr, dass die Verantwortung für die Bearbeitung und/oder Koordination bestimmter Vorgänge quasi mit einem einfachen Mausklick weiter- und abgeschoben werde. Durch die technische Möglichkeit, den Emailverkehr nachverfolgen zu können, wird eine Verantwortung wegschiebende oder sich absichernde Kommunikationspolitik eher forciert als vermindert" (MH5: 2).[16] Dass sich die Kommunikationswege durch die neuen Medien derart multipliziert hätten und die „Kommunikationshemmschwelle" so gesun-

---

[16] Zum Aspekt der Verantwortung vgl. ausführlich Kapitel 5.2.

ken sei, habe aber auch unbestreitbare Vorteile. Man erhalte viele Informationen „auf niedrigem Niveau", aus denen sich aber für größere Fälle vielleicht später wichtige und entscheidende Hinweise ableiten ließen, was gerade im OK-Bereich wichtig sei, um Netzwerke zu identifizieren und zu durchschauen.

Beenden wir an dieser Stelle den kurzen Feldbericht, der nicht nur mit dem Feld vertraut machen wollte, sondern vor allem als wichtiges Untersuchungs- bzw. Analysedatum anzusehen ist (vgl. Reichertz 1991: 133). Zugleich zeigt er an, dass eine gewisse Mitspielkompetenz (vgl. Reichertz 2012) vom Feldforscher ‚erwartet' wird, will man als Mitspieler ernstgenommen werden. Es sind die schon beschriebenen Körpereindrücke und latenten Wahrnehmungen und Handlungen (z.B. das zum Teil von zu Hause aus mitgebrachte Essen der Mitarbeiter), die im Kleinen (und manchmal auch im Großen) darüber entscheiden, ob man vom Feld aufgenommen wird oder nicht. Der Ablauf eines Feldaufenthaltes wurde auch durch die Tagesstruktur des Feldes bestimmt. Der Feldaufenthalt begann – wie erwähnt – an einem Montagmorgen. Der Forscher traf Herrn Schnitzler, den Leiter der K12 in seinem Büro. Herr Schnitzler betonte selbst, dass er jeden Morgen zunächst die Anzeigenmeldungen des Vortages (oder des Wochenendes) sichten müsse. Bei späteren Interviews mit anderen MitarbeiterInnen und BeamtInnen war eine aus diesem Feldaufenthalt sich ergebene Frage, wie der Tag eigentlich von den BeamtInnen begonnen werde. Herr Tölle – ein interviewter Beamter – betont in diesem Zusammenhang: „Wenn ich morgens schaue, äh, reinkomme, fahr' ich den Rechner hoch und schaue zunächst erstmal in der Haftdatei nach. Das is' also für uns das Wichtigste, um zu schauen, ob wir aktuelle Haftsachen haben. Wo ich dann die Kollegen, die ich im Vorfeld für die Bereitschaft, für die Bearbeitung von Haftsachen eingeteilt habe, dann auch entsprechend informiere. Dann muss ich mir die Haftsachen in Papierform

besorgen, muss eventuell auch drüber entscheiden, ob mehrere Leute sich dieser Sache oder Sachen annehmen müssen" (II3: 14-21). Und der Beamte Frank weist darauf hin, dass der Computer noch vor dem obligatorischen Kaffee bzw. der Kaffeemaschine eingeschaltet wird: „Was ich mache, wenn ich komme? Schalte ich meinen PC ein. Das ist das Erste, was ich mache ... (lacht) melde mich an und, ja, eigentlich checke ich dann als Erstes meine Mails, die ich habe – oder die ich bekommen habe. Und, ja, dann, schaue ich nach, was ich an diesem Tag zu tun habe" (II1: 13-16). Interviewer: „Mhm. Okay, okay. Und wenn Sie sagen, als Erstes ist – machen Sie wirklich als Allererstes den, den PC an? Sie machen sich nicht erst einen Kaffee oder irgendwas anderes?
Nee, erst mache ich den PC an und dann wird der Kaffee gemacht" (II1: 55-59).

Die Bedeutung des Computers und seine *Wirkung* auf das Verhältnis untereinander thematisiert der Beamte Dräger im folgenden Interviewausschnitt (IJ1: 852-881):

„Interviewer: Ich hab' mal gehört, die Alten würden mehr miteinander reden, während die Neuen mehr, oder die Jüngeren, mehr miteinander per Computer kommunizieren [...]. Is' das was dran, oder...?
Dräger: Ja, in diesem Kommissariat, würde ich sagen, beides. Also die Neuen kommunizieren viel mit'm Computer. Das is' so. Wir treffen uns aber auch jeden Morgen zu 'ner Frühbesprechung. Ich hab's noch in keinem Kommissariat so erlebt, dass so viel besprochen wurde wie hier im KK14. Also unser Chef hält uns wirklich über alles auf'm Laufenden. Und wie gesagt, ich kommuniziere auch alles, was ich hier mache. Dann setzen wir uns mittags nochmal zusammen, nach 'm Mittagessen. Halbe Stunde. Kaffeetrinken. Obwohl jeder

hier viel zu tun hat, sitzt man viel zusammen, redet viel miteinander. Halte ich für unheimlich wichtig. Da weiß man nich' nur, was dienstlich läuft – in meinem Fall. Andere Kollegen offenbaren sich nich' so. Da weiß man oft nicht, was läuft. Hier, mein direkter Nachbar, mit dem arbeite ich eng zusammen. Da kommt man auch schon mal in's Nachbarbüro und redet miteinander. Mit anderen Kollegen is' das nich' so extrem. Das hat man auch keine Zeit für. Da macht man das eben in der großen Runde. Und da gibt es einige, die erzählen, die kommunizieren und andere, die sind immer still. Dann weiß ich nich', läuft bei denen nichts oder läuft bei denen nichts Wichtiges? Oder haben die keine Lust oder haben die 'n Problem unter 20 Leuten mal das Wort zu ergreifen und mal was zu erzählen. Weiß ich nich'.

Interviewer: Gibts hier keine Teeküche, wo man sich so informell trifft? Also so 'n Raum, der an sich immer...

Dräger: Ja, is' dieser Besprechungsraum, wo wir...

Interviewer: Aber da gehen Sie hin, wenn Sie Besprechung haben?

Dräger: Mhm, ja, morgens und mittags. Genau.

Interviewer: Aber dass man auch zwischendurch mal da sitzt und klönt und...

Dräger: Keine Zeit. Hier in diesem Kommissariat keine Zeit. Absolut nich'.

Interviewer: Mhm.

Dräger: Also wenn Sie 80 Vorgänge haben, und normal is' so 60 bis 80, dann is' keine Zeit für 'n Kaffee zwischendurch. Geht nicht. "

Im Anschluss an diese Kurzdarstellung des ausgesuchten empirischen Materials, soll es in der nachfolgenden Analyse genauer untersucht werden.

4.2 Interpretative Erkundung des Materials

4.2.1 Die Bedeutung des Computers

Herr Schnitzler lud den Feldforscher ein, ihn anschließend zur wöchentlichen Montagsversammlung, einer Dienstbesprechung in einem größeren Rahmen, zu begleiten. Auch an den anderen Tagen finden Dienstbesprechungen statt, allerdings in kleinerem Rahmen. Herr Fiedler – ein interviewter Beamte – betonte folgenden allmorgendlichen Ablauf: Nach Betreten des Büros zwischen 7-7.30 Uhr informiere er sich durch den Computer über die Lage (vgl. IG4: 15-17), d.h. über Vorgänge, die sich in dem Zeitraum zwischen vortäglichem Dienstbeginn und Dienstanfang am darauf folgenden Tag ergeben haben. Daran anschließend folge die morgendliche Dienstbesprechung. Diese findet in einem Besprechungsraum statt. „Ein größerer Raum, da sitzen wir morgens, da trink' ich meinen Kaffee, da werden die aktuellen Sachen berichtet, erstmal was angefallen ist" (IG4: 109-110). Der Beginn des Tages lässt sich dergestalt in dieses, sich etablierte Handlungsmuster fassen: Das Starten des Computers wird die erste arbeitsbezogene Handlung, die noch vor dem sonst üblichen Kaffeekochen vollzogen wird. Nach dem Hochfahren des Rechners wird mir einem individualisierten – über den eigenen Bürocomputer – Informationsabruf begonnen, der dem einzelnen Beamten einen Überblick über die in der Zwischenzeit erfolgten Ereignisse gibt. Der Computer wird damit „erster" Ansprechpartner für den Start in den Arbeitstag und *Auftraggeber* für das weitere Vorgehen. Herr Schnitzler, der Leiter der Dienststelle, betonte dies durch ein „leider" und „machen müssen", die die Notwendigkeit, aber auch den mangelnden eigenen Spielraum in dieser Sache zum Ausdruck bringen. Der Computer wird zu einer virtuellen Sammel- bzw. Ablagebox, die an jedem Morgen zunächst gelehrt werden muss. Die Bedeutung des Computers für die Kommunikation, die Arbeit und der Arbeitszuweisung wird besonders daran deutlich, dass sich sogar ein eigenes *Sprachbild* entwickelt hat. Herr Schnitzler sprach zu den anderen Kollegen im Besprechungsraum vom besonders langen *Scrollbalken* am heutigen Tage. Mit dem langen Scrollbalken ist der digitale Posteingang mit der Übersicht der zu bearbeiteten Anzeigenmeldungen gemeint, der zugleich impliziert, dass wieder eine Menge Arbeit zu tun sein wird und dies auf allen Ebenen. Herr Schnitzler muss als Leiter die Arbeit delegieren, so dass die mitleidigen Seufzer der Kolleginnen und Kollegen von ihm nicht nur an ihn selbst adressiert waren, sondern auch in dem – zumindest impliziten – Wissen, dass sie es sind, die mittelbar von ihrem Dienststellenleiter Arbeit zugewiesen bekommen. Das Sprachbild „Scrollbalken" hat dergestalt den älteren „Aktenberg", der vor dem Computerzeitalter die Beschreibungshoheit für besonders viel Arbeit besaß, ergänzt bzw. erweitert. Damit wird zudem deutlich, warum der Computer und das Anschalten desselben der erste Arbeitsakt der Beamten in der Dienststelle am Tage ist. Er gibt schließlich einen ersten Überblick darüber, was im weiteren Verlauf des Arbeitstages auf die Beamten zukommt. Und damit erhält der Computer – und das zunächst unabhängig von bestimmter Hard- oder Software – die Bedeutung eines zentralen Arbeitsmittels, das aber auch zugleich ambivalente Gefühle hervorbringt. Denn der Computer ist der verbindliche *Bote* der Arbeit und damit oft Überbringer von Arbeitsbelastung und ggf. Überstunden. Verbindlichkeit besitzt der Computer als Nachrichtenmedium insofern, als Verteilernachrichten, Listeneinträge und Mails mit mehreren Empfängern nicht einfach ohne zu lesen gelöscht werden können, da ihre Rezeption aufgrund einer verbindlichen und nachvollziehbaren, schriftlichen Übermittlung implizit vorausgesetzt wird. Das Lesen von Mails besitzt daher ein hohes Maß an Verbindlichkeit und damit auch an Zwang. „*Töte nicht den Boten*",[17] was soviel meint, dass das Medium der Über-

---

[17] Der bekannte Spruch wird dem klassischen griechischen Dichter Sophokles

bringer ist und die ausbildende soziale Praxis sozialkonstruktivistisch von den Nutzern entworfen und ausgebildet wird.

Der Computer und seine Erweiterungen haben im Verlauf der letzten zwanzig Jahre einen festen Platz im Arbeitsalltag der PolizeibeamtInnen eingenommen. Das erwähnte Gespräch zwischen dem Feldforscher und Herrn Althoff verdeutlicht zudem das Verhältnis von analoger und digitaler *Kultur* am Beispiel der Handhabung von Dokumenten. Aus Platz- bzw. Speicherkapazitätsgründen müssten Dokumente gelöscht werden. Weiterhin verblieben die Dokumente, die unterschrieben werden müssten in Papierform. Digitale Dokumente nehmen als solche noch nicht den gleichen Stellenwert ein wie ihre analogen Pendants, da ihnen das letzte Maß an Authentizität in Form einer analogen Signatur (Unterschrift) fehlt. Nur die Papierakte eines Falles enthält damit alle Informationen. Die Frage nach der Authentizität des Digitalen im Verhältnis zum Analogen zeigt sich auch in dem bereits genannten Gespräch mit Herrn Lennert. Dieser zeigte dem Forscher die täglichen „Stärkemeldungen" am PC. Im Gegensatz zur früheren Rohrpost unterstellte Herr Lennert die leichtere Möglichkeit der Manipulation im digitalen Rahmen, da alle Daten auf einem Laufwerk gespeichert würden, auf das jeder Kommissariatsleiter Zugriff habe. Die Unterstellung und Erwähnung der Manipulationsmöglichkeit deutet darauf hin, dass die Besatzungsstärke der jeweiligen Kommissariate auch ein Gradmesser für z.B. effizientes Arbeiten ist. Über die Besatzungsstärke werden die Kommissariate in einem gewissen Maße vergleichbar, was möglicherweise einen zusätzlichen Effizienzdruck hervorbringen kann. Umgekehrt kann der Ausweis einer hohen Mitarbeiterzahl – bei gleichzeitiger guter Arbeitsleistung – auch ein *Statussymbol* sein. Je höher die Mitarbeiterzahl desto höher ist die Verantwortung des Leiters, desto höher wird zugleich sein Ansehen z.B. im Ver-

---

(497 v. Chr.) zugeschrieben.

gleich zu einer kleineren Dienststelle.

Daran anschließend weist Herr Lennert darauf hin, dass der persönliche Kontakt der BeamtInnen untereinander durch den Einsatz der digitalen, neuen Medien abgenommen habe und bedauert dies (vgl. MH5: 2). Er impliziert damit, dass sich die Kommunikationskultur durch die Einführung der neuen Medien verändert hat. So sei sie zuvor – zumindest in den Augen (und den Worten) von Herrn Lennert – persönlicher und damit unmittelbarer gewesen. Der Computer und seine Nutzung haben solcherart dazu geführt, dass die Beamten heute stärker *mit* dem bzw. *am* Computer arbeiten und *über* ihn Kommunikation betreiben (z.B. E-Mails), während früher ein unmittelbarerer Kommunikationsstil gepflegt wurde. Dieser Punkt verdient eine nähere Betrachtung und Reflexion, da er im Rahmen dieser Darstellung eine hohe Relevanz besitzt. Beginnen lässt sich mit der Frage: Wie lässt sich ein solcher unmittelbarer Kommunikationsstil im Verhältnis zu einem computervermittelten Kommunikationsstil verstehen?

Ein unmittelbarer Kommunikationsstil, der ohne zwischengeschaltetes Medium auskommt, lässt sich in der Regel nur durch orale face-to-face Kommunikation herstellen. Dieser fordert also eine persönliche Anwesenheit der kommunizierenden Personen ein. Die Kommunikation wird an den ganzen *Körper* gebunden. „Orale Kommunikation verlangt und produziert Präsenz; sie ist bildhaft und darstellend, konkret situationsgebunden, unmittelbar und lokal" (Schröder/Voell 2002a: 13). Das Gewicht und das Vertrauen erhält das Gesprochene durch die unmittelbare Situation. Die Botschaft ist dergestalt stark mit den kommunizierenden Personen verbunden, Kommunikation erhält einen wesentlich performativen Charakter und eine gemeinschafts- und identitätsbildende Funktion. Gesten, Körperhaltung, Mimik, d.h. die gesamte *Haltung* der Personen sind Teil dieser Kommunikationssituation und werden durch sie zugleich tradiert. Aus dieser Situationsgebundenheit bezieht die orale Kommunikation aber zugleich auch ihre flüchtige Form. Was gesprochen wird, ist *in* der unmittelbaren Situation (räumlich und zeitlich). Sobald sich die Situation auflöst, sedimentiert sich das Gesprochene in die Erinnerung der Personen. Einen Referenzpunkt, auf den man sich beziehen könnte (wie z.b. einen Text), gibt es nicht. Damit bleibt das Gesprochene für nicht Anwesende nur aus zweiter Hand nachverfolgbar, aber nicht letztgültig bestimmbar. Darüber hinaus – und darauf machte bereits Reichertz in seiner Studie zur Aufklärung bei der Polizei aufmerksam – bieten zwanglose Treffen in Räumen, wie z.b. der Teeküche, die Möglichkeit durch zwangloses Kommunizieren und Austauschen allgemeiner Informationen und unspezifischem Hintergrundwissen „dem Zufall eine Chance" (Reichertz 1991: 263) zu geben, um vielleicht an eine für den einen Kommunikationsteilnehmer brachliegende und unbedeutende Information zu kommen, die für einen anderen Anwesenden eine wichtige Bedeutung haben oder einen heuristischen Impuls geben könnte.

4.2.2 Die Veränderung der Kommunikationskultur
Um zu sehen, ob sich die Kommunikationskultur bei der Polizei – ausgehend von unserem Material – tatsächlich verändert hat, muss nachgeführt werden, ob und welche Bedeutung das unmittelbare Gespräch bei der Polizei hat. Wie erwähnt, ist der erste Gang und die erste Handlung zu Arbeitsbeginn das Einschalten des Computers und die Nachrichtenabfrage. Danach folgt dann in der Regel die tägliche Dienstbesprechung. Herr Schnitzler lud den Feldforscher zur wöchentlichen Montagsbesprechung ein. Danach ging Herr Schnitzler in ein Besprechungszimmer, in dem alle Beamten des Kommissariats zusammensaßen. Auch danach ging Herr Schnitzler durch einige Büros und führte ‚lockere' Gespräche. Das gemeinsame Beisamensein und gegenseitige Gespräche können demnach als

wichtiger Teil der persönlichen Kontaktpflege und des Gemein-schafts- bzw. Gruppensinnes verstanden werden. Es geht dabei aber auch um das Austauschen informeller Sachverhalte. Als Herr Lennert sich mit dem Feldforscher zu einem Gespräch traf, erzählte der Be-amte, dass er über den ‚Flurfunk‘ Irritationen bei den Beamten ob der Anwesenheit des Forschers vernommen habe. Einigen Beamten sei nicht klar, was gewisse Fahrten (z.B. zu Tatorten) mit dem Einsatz neuer Medien zu tun habe. Der Begriff ‚Flurfunk‘ kann in diesem Zu-sammenhang als eine geronnene soziale Praxis verstanden werden. Es ist das mündliche Austauschen von Informationen, das Bespre-chen von Unklarheiten, Vermutungen und sich daraus implizit entwi-ckelnden Gerüchten. Zugleich sichert dieser Begriff eine gewisse *Anonymität* zu. Zwar könnte man eruieren, wer an welchen Gesprä-chen beteiligt war. Aber bei oraler Kommunikation lässt sich letztlich viel schwerer bestimmen, wer was gesagt hat, da diese Kommunika-tionsform von der bereits erwähnten Flüchtigkeit geprägt ist. Sie ist selten sequenziell, d.h. es gibt kein richtiges Nacheinander wie in schriftbasierter (z.B. E-Mail-)Kommunikation, sondern sie ist ver-schränkter.[18] So lassen sich rückwirkend mitunter gewisse Aussagen gar nicht an eine Person binden, sondern müssen als ein gemein-schaftliches Gesprächsergebnis verstanden werden. Beispielsweise kann man die Irritation über die Anwesenheit des Forschers in Berei-che, die vordergründig nichts mit dem kommunizierten Interesse über den Einsatz neuer Medien zu tun haben, nicht zwingend einem Beamten zuschreiben, sondern sie ist Beschreibungs- und Gespräch-sergebnis des unverbindlichen, informellen und flüchtigen ‚Flur-funks‘. Dass wiederum ein feststehender Begriff für eine solche so-ziale Praxis in diesem Kontext besteht, deutet darauf hin, dass es

---

[18] So wird z.B. manchmal parallel gesprochen, Zustimmung oder Ablehnungen werden gleichzeitig von den Gesprächsteilnehmern lautlich kundgetan („Mhm", „Ja", „Richtig" usw.).

eine etablierte und übliche Praxis ist. Regelmäßige Teamsitzungen, morgendliche Besprechungen, ‚Flurfunk' und gemeinschaftsfördernde Gespräche zwischen ‚Tür und Angel', das Beisammensein zur Mahlzeit auf der einen und die – zwar nicht mehr ganz neue, sich aber weiter intensivierende – E-Mail-Kommunikation und Verteilernachrichten auf der anderen Seite weisen auf eine allmähliche Veränderung im strukturellen Handeln der BeamtInnen. Herr Lennert hat darauf verwiesen, dass durch die neuen, digitalen Kommunikationsformen der persönliche Kontakt und Austausch etwas abgenommen haben. Allein aus zeitlicher Perspektive wird dies nachvollziehbar. Wer E-Mails schreibt, setzt zum einen Zeit ein, die ihm für andere Kommunikationsaktivitäten nicht mehr zur Verfügung steht; zum anderen hat er die Information bereits digital in Umlauf gebracht. Das Neue, Besondere oder Informative, das immer auch Anlass für den Beginn z.B. eines Gespräches ist, verliert sich dadurch, dass beispielsweise per Rundmail die Neuigkeit bereits in die Welt gesetzt wurde. Wenn nun trotz der immer noch vorhandenen Vielzahl an Möglichkeiten des unmittelbaren Gesprächs von Herrn Lennert der Rückgang der persönlichen Gesprächsmöglichkeit als Verlust wahrgenommen wird, sagt dies zugleich etwas über den Zustand der Organisation vor Einsetzen des Wandels aus; dass nämlich vor Einsatz der digitalen Medien noch umfangreicher *persönlich*, d.h. face-to-face kommuniziert wurde. Die unmittelbare, interpersonale face-to-face-Kommunikation beinhaltet weiterhin nicht nur die bereits angesprochene Flüchtigkeit, aus der für Außenstehende (nicht unmittelbar am Gespräch Beteiligte) im Nachhinein eine Schwierigkeit der Zuordnung einer Aussage zu einem Gesprächsbeteiligten entstehen kann. Sie beinhaltet auch für die unmittelbar Beteiligten ein wesentlich stärkeres Vergemeinschaftungspotential (vgl. allgemein Buber 1995, Weber 1980, Tönnies 1963). Dies meint, dass das persönliche Gespräch es eher ermöglicht, gegenseitiges Vertrauen, Verantwortung und Hilfe und damit eine gemeinschaftliche Grundhaltung zu befördern. Im Gegensatz dazu beinhaltet eine medial vermittelte Kommunikation (z.B. E-Mail) eine rationale und auf reine Zweckori - entierung aufgebaute Beziehung der Kommunikationspartner, die man – um im Tönnis'schem Duktus zu bleiben – als Vergesellschaf - tungspotential beschreiben kann. Face-to-face-Kommunikation, das unmittelbare Gespräch hat dergestalt nicht nur einen informativen und kommunikativen Zweck, sondern sie stärkt zugleich das Ge - meinschaftsgefühl, das Vertrauen und Verantwortung (vgl. hierzu auch Etzioni 1995 und 1997) als wichtige Konstituenten – zumal in der polizeilichen Praxis – beinhaltet. *Communicatio* wandelt sich in diesem Bild im Gespräch zugleich in *communio*. Dass Vertrauen und Verantwortung im Rahmen der außendienstlichen polizeilichen Pra - xis grundlegende und essentielle Aspekte sind, ist evident. In der Si - tuation des polizeilichen Einsatzes wird aus Kollegen eine *Schick - salsgemeinschaft*[19], in der die Begriffe Vertrauen und Verantwortung unmittelbar bedeutsam sind – und nicht nur der funktionale, abge - sicherte Handlungsablauf z.B. bei einer Wohnungsdurchsuchung.

Im polizeilichen Alltag spielen unmittelbare Gespräche demnach eine große Rolle. Diesen kommunikativen Zustand in einer Organi - sation kann man kultursoziologisch als orale Kommunikationskultur bezeichnen. Und diese scheint sich in Richtung einer literalen Kommunikationskultur zu verändern, wenn man den bereits be - schriebenen Umstand der sich etablierten E-Mail-Kommunikation konstatiert. Die E-Mail-Kommunikation als Beispiel für eine literale Kommunikationsform hat nicht nur ältere literale Formen verdrängt (wie z.B. die alte Rohrpost, Aktenberge), sondern erhöht zum einen den Durchlauf – also die Menge – von Informationen und dehnt sich zum anderen auch in den Bereich der oralen Kommunikation aus.

---

[19] Trotz eines gewissen Pathos in diesem Begriff besitzt er m.E. ein gutes Be - schreibungspotential für die Situation des polizeilichen Einsatzes.

Das wiederum liegt im Wesen des Wandels vom analogen (Rohr-post) zum digitalen (E-Mails) Kommunikationsmedium, der sich durch die Erhöhung der Geschwindigkeit der Informationsübermitt-lung und die nahezu – nach einmaliger Anschaffung und Installation der entsprechenden Infrastruktur – kostenlose Versandmöglichkeit ausdrückt. Ein unmittelbares Beispiel für diese Veränderung be-schreibt Herr Lennert beim Abwägen der Vor- und Nachteile der neuen Techniken. Neben den bereits erwähnten sich reduzierenden persönlichen Kontakte der KollegInnen untereinander und der fort-während Anpassung der Software (Aktualisierungen, Updates usw.), durch die zumindest eine Teileinarbeitung nötig wird, ist es die zunehmende Informationsflut, mit der es umzugehen gilt. Das Zustandekommen dieser Informationsflut hängt ursächlich mit dem Wesen und den neuen Möglichkeiten der digitalen Möglichkeiten zusammen. Viele Informationen und Lagebilder werden über große Verteiler gestreut. Die Verteilung von Informationen wird mit der di-gitalen Kommunikation einfach, es genügen wenige Mausklicks, um hunderte, sogar tausende MitarbeiterInnen landes- oder bundesweit zu informieren. Die „Kommunikationshemmschwelle" sei gesunken, so Herr Lennert. Einen Vorteil erkennt er darin, dass man viele In-formationen auf niedrigem Niveau erhalte, die vielleicht später ein-mal bedeutsam werden könnten. Aber auch im sog. Innendienst, in dem fortlaufend koordiniert wird und Entscheidungen getroffen werden müssen, wer, was und wann macht, zeigt sich durch den fortlaufenden Wandel der Kommunikationskultur eine damit einher-gehende Veränderung im Umgang mit Verantwortlichkeit.

4.2.3 E-Mail-Kommunikation, Informationen und Verantwortung

Denn die Verantwortung für die Bearbeitung und Koordination von Vorgängen kann nun schnell und ohne persönlichen, unmittelbaren Kontakt per Mausklick weiterdeligiert werden. Verantwortung als

Konzept beinhaltet damit zweierlei: Einmal den Akt des Übertragens – zumal in einer hierarchisch gegliederten Organisation wie der Polizei – und das – zwar nicht zwingend notwendige, aber für ein verantwortungsvolles Handeln beförderliches – Annehmen der Verantwortung sowie ein daraus resultierendes persönliches Verantwortungsgefühl. Die *Verantwortung* als Konzept der Verpflichtung gegenüber eines Vorganges, einer Sache, eines Menschen, die Bereitschaft zu einer *Antwort* bleibt als sachliches Konzept im Rahmen der digitalen Kommunikation gleichwohl erhalten. Der persönliche Bezug, der die zu verantwortende Sache und die verantwortliche Person aneinander binden, verringert sich allerdings durch solche Formen der Verantwortungsweiterleitung. Herr Lennert spricht in diesem Zusammenhang von einer Verantwortung wegschiebenden Kommunikationspolitik. Es kollidieren hier dergestalt die der digitalen Kommunikation inhärenten Reduktionen – keine körperliche Anwesenheit, keine Gestik, Mimik, Stimmtonlage etc.[20] –, die aber für das Gesagte im Rahmen der Verantwortungsübertragung (persönliche Bindung) bedeutsam sind und die o.g. Erfordernisse (sachliche Inhalte) der Verantwortung. Es ist leichter für eine Sache die Verantwortung zu übernehmen, die einem übertragen wurde, wenn der Akt des Übertragens nicht nur durch eine schriftlich-digitale Anweisung erfolgt, sondern durch ein persönliches Angesprochenwerden; zugleich kann der Überträger von Verantwortung durch das gesamte verbale und nonverbale Kommunikationsrepertoire die Bedeutsamkeit der zu übertragenden Sache deutlich machen. Allein schon das Zeitnehmen für ein persönliches Gespräch unterstreicht in der Regel die Wichtigkeit und Bedeutsamkeit der zu besprechenden Inhalte. Folgt man dem bisher Gesagten, wird auch verständlich, warum

---

[20] Eine diese Reduktion aufweichende Kommunikationsform ist z.B. das durch die Software Skype zum Synonym gewordene *Skypen*, d.h. die mittlerweile sich zunehmend etablierende Videotelefonie per Computer oder Smartphone.

Herr Lennert gleichzeitig von einer absichernden Kommunikationspolitik spricht, obwohl dies doch zunächst wie ein Widerspruch er-
scheint. Die Absicherung ist ein Ergebnis der reduzierten und nachvollziehbaren E-Mail-Kommunikation, die Rückfragen und Belege erzeugt. E-Mail-Kommunikation ist nicht *verbindender*, aber verbindli-
cher, da die Korrespondenz – wer, wann, was geschrieben hat – im
Nachgang genau nachverfolgt und expliziert werden kann. Und
auch dadurch verändert sich das Konzept der Verantwortung. Denn
man übernimmt nicht ohne Weiteres Verantwortung, sondern man
sichert sich, wie erwähnt, ab durch Nachfragen, Konkretisierungen
usw. Sobald man eine Mail mit einer eindeutigen Anweisung erhält,
kann man sich später immer wieder darauf beziehen und damit
rechtfertigen. Unausgesprochenes und Informelles werden damit
zwar nicht obsolet (auch Texte sind nicht immer eindeutig und können unterschiedlich verstanden werden), aber die Spielräume dafür
werden kleiner. Das Thema „Verantwortung" trat noch in einem
weiteren Feldbesuch mit gleicher Konnotation zutage:
„Während des Essens komme ich mit Herrn Fuchs ins Gespräch. Als
wir beim Thema Neue Medien sind, sagt er: ‚Früher war es was Be-
sonderes, wenn man etwas bekommen hat. Heute, wenn man nix
bekommt'. Er spielt damit auf die Vielzahl von Rundmails und Email-
Verteilern an, die mittlerweile bei der Polizei kursieren bzw. vorhanden seien. Während früher die Maxime gegolten habe, Wissen sei
Herrschaft, sodass sparsam bzw. vorsichtig damit umgegangen wurde, wer welche Informationen bekommt, würden heute sämtliche Informationen gestreut und ‚weggesteuert', was häufig mit einem
‚Wegschieben' von Verantwortung einhergehe, wie er kommentiert.
Ich erinnere mich an das Gespräch mit Herrn Lennert, der mir ähnli-
che Beobachtungen und Einschätzungen mitgeteilt hatte. Auch die
Möglichkeit der Kontrolle von oben sei durch den Einsatz Neuer
Medien gestiegen, fügt er hinzu" (MH26: 4).

Neben dem bereits genannten Aspekt der Verantwortung, der weiter unten nochmals aufgenommen wird, kommt der Punkt der Macht zur Sprache. Denn durch die weite Streuung von Informationen gibt es weniger Bereiche von Exklusivwissen, das, wenn man sich in seinem Besitz befindet, eine machtvolle Stellung einbringt.[21] An diesem Beispiel wird in anschaulicher Weise sichtbar, welche Veränderungen der Wandel von oraler zu literaler Kultur hervorbringt. Gerade in oralen Kulturen war das an Personen gebundene Wissen ein exklusives und die wissende Person in ihrer Stellung hervorhebend. Mit der Verbreitung der Schrift, der Fähigkeit des Lesens *und* der freien und schnellen Zirkulation von Informationen, die durch die Neuen Medien dynamisiert wurden, begrenzt nur noch die eigene Aufnahmekapazität und Motivation die Menge an Wissen, die man bereit ist aufzunehmen. Mit Wissen und Informationen wird heute im Rahmen der Polizei – zumindest nach innen – nicht mehr, wie es Herr Fuchs betont, sparsam umgegangen, sondern Informationen werden „weggesteuert". Hier zeigt sich der Zusammenhang von Wissen und Verantwortung. Denn mit dem Wissen *um* gewisse Dinge steigt zugleich der normative Druck, Fürsorge (Hilfe) zu leisten und damit Verantwortung zu übernehmen. Durch das Weiterleiten von Informationen wird zunächst jedem *alles* selbst überantwortet. Die Verantwortung wird sozusagen sprachlos und wortlos allein durch die Praxis des Verfügbarmachens der Informationen (durch E-Mail-Weiterleitung) an jeden Einzelnen übergeben. Das Lesen der Informationen und die damit einhergehende Verpflichtung, sich selbst informieren zu müssen, *muss* nicht fortlaufend „von oben" befohlen

---

[21] Ein Beispiel für ein solches Wissen, das sich gerade erst durch die neuen Medien gebildet hat, ist die Funktionsweise, Handhabung und Programmierung derselben. Gerade das Wissen um die Nutzung neuer Medien (Smartphone, Internet, Programmierung, Programmhandhabe etc.) ist ein Wissen, dass in heutiger Zeit eine exaltierte Stellung unter z.B. Arbeitskollegen hervorrufen kann (vgl. das nachfolgende Hauptkapitel III).

werden, sondern wird letztlich durch die Praxis sprach- und wortlos übersandt. Man kann hier mit Foucault (vgl. Foucault 2005) davon sprechen, dass die Fremdführung zur Selbstführung wird. Auch durch diese (aber nicht nur) sich durch das Medium anbietende Praxis werden die neuen Medien auch Teil der *Herrschaft*. Die bereits angesprochene Nachführbarkeit der schriftlichen Kommunikation steht damit im Zusammenhang. Hier zeigt sich die Janusköpfigkeit der neuen Medien – und dies nicht nur bei der Polizei. Zum einen dekonstruieren sie die bisherigen Wissens- und damit Machtstrukturen[22], da „Wissen Macht sei". Zum anderen ermöglichen sie das Etablieren von neuen Machtstrukturen, indem das Wissen um die neuen Medien und ihre Nutzung eine hervorgehobene Stellung mit sich bringen kann. Darüber hinaus bieten sie auch ein Maß an Kontrolle (z.B. Nachführbarkeit und Schnelligkeit von Kommunikation und von Informationen, Verantwortungsübertragung, Sollstärkeanzeige) und werden so zugleich Instrument der herrschenden Struktur.

4.2.4 Die Verschränkung der Kommunikationskulturen
Es hat sich bisher gezeigt, dass beide Kommunikationsformen, oral und literal, mit unterschiedlichen sozialen Praxen verknüpft sind und funktional gewisse Vor- und Nachteile im Rahmen der Informationsspeicherung, -weitergabe und der Verantwortungsübertragung beinhalten. Aus diesem, aber auch aus anderen Gründen wird ersichtlich, dass die hier formulierten Kommunikationskulturen – und

---

[22] Ein Beispiel aus dem universitären Kontext: Immer öfter googlen Studierende während einer Vorlesung oder eines Seminares nach erwähnten Themen, Theorien und Begriffen und konfrontieren den Dozenten unmittelbar mit den Ergebnissen, sofern diese dem vorgetragenen Inhalt widersprechen. Damit wird zwar das ohne Zweifel vorhandene (formal) hierarchische (Macht-) Verhältnis zwischen Studierende und Dozenten nicht aufgelöst, aber der Zugang zum Wissen und der Spalt zwischen Wissen und Nichtwissen wird im Sinne der Möglichkeit schmaler.

ihre idealtypische Unterscheidung – in der polizeilichen Praxis nicht ein Entweder-oder, sondern ein Sowohl-als-auch meinen. Sie sind in der Praxis miteinander verschränkt. Diese Verschränkung beider Kulturen (literaler und oraler) kann man an folgender bereits erwähnter Szenerie, die sich während des Feldbesuches abspielte, verdeutlichen. Ein Beamter kam ins Büro von Herrn Schnitzler und schilderte „ein Problem" bzgl. eines anstehenden Sofortdienstes. Dort sei er mit einer Kollegin eingeteilt, habe aber zur gleichen Zeit noch einen anderen Dienst zu erledigen. Der Beamte kam also ins Büro und suchte das unmittelbare Gespräch, um den Lösungsprozess für dieses Problem in Gang zu bringen. Er hätte anrufen oder eine E-Mail schreiben können, aber er wählte das unmittelbare Gespräch zur Klärung. Das verweist zum einen auf die Wichtigkeit der Sache für den Betroffenen. Er kann durch das unmittelbare Gespräch den Sachverhalt deutlicher machen, als wenn er ihn schriftlich beschreiben müsste. Zudem stellt er durch das Gespräch sicher, dass die Informationen von seinem Vorgesetzten sofort aufgenommen werden. Bei einer E-Mail bliebe die Unsicherheit des Wissens darüber, wann diese gelesen wird. Aber das unmittelbare Erscheinen zeigt die Wichtigkeit schon allein aufgrund der körperlichen Präsenz an. Der analoge Körper muss durch den Raum und durch die Zeit bewegt werden, um die Nachricht zu überbringen, während eine digitale Nachricht quasi körper- und zeitlos in der Überbringung (wenngleich nicht in der Produktion) ist. Dass man sich für dieses Gespräch die „Zeit" nimmt, zeigt bereits die Bedeutsamkeit des Gesprächsinhaltes an. Herr Schnitzler erkennt nun die Problematik, in der sich der Beamte befindet, und sucht sogleich als verantwortlicher Vorgesetzter eine Lösung. Er schreibt eine Rundmail, um einen Mitarbeiter oder eine Mitarbeiterin zu finden, die den Dienst übernimmt. Die Mail stellt für Herrn Schnitzler scheinbar sicher, dass die entsprechenden Erfordernisse des Sachverhaltes gewährleistet sind: Er geht davon aus, dass seine Mail ernst genommen und in einem Zeitraum gelesen wird, der genügend Zeit lässt, um auf den Sachverhalt zu reagieren. Zugleich bietet er durch die Mailkommunikation die Möglichkeit an, dass die Empfänger zunächst etwas Zeit erhalten, um zu eruieren, ob sie den Dienst übernehmen können. Die E-Mail-Kommunikation beinhaltet dergestalt zugleich ein Übertragen an Verantwortung und freier Entscheidung, wann sie geöffnet und bearbeitet wird. Impliziert ist jedoch eine gängige Praxis von einer zeitnahen Öffnung und Durchsicht von Mails. E-Mail-Kommunikation kann also ihre Vorteile (eine gewisse Eigenverantwortlichkeit mit ihr im Umgang, Schnelligkeit und Nachführbarkeit durch ihre Schriftlichkeit) nur dann ausspielen, wenn sich eine Praxis etabliert hat, in der gewisse Zeitrahmen für die Reaktion eingehalten werden. Sie würde nicht „funktionieren", wenn die Reaktionszeit zwei, drei oder mehr Tage beinhalten würde. Hier wird ersichtlich: Das neue Medium *zwingt* solcherart zu einer neuen Praxis. Dass E-Mails verschickt werden und man von einer zeitnahen Reaktion ausgeht, führt dazu, dass E-Mails morgens als Erstes und dann im Verlauf des Tages regelmäßig abgerufen und gesichtet werden. Natürlich besitzen eingehende E-Mails nicht die gleiche Bedeutung. Um aber ihre Bedeutsamkeit zu prüfen, müssen sie zunächst gesichtet, gelesen und bewertet werden. Das, was bei einem Gespräch quasi automatisch und zudem durch nonverbale Komponenten unterstützt wird, muss bei einer E-Mail zunächst im o.g. sequenziellen Dreischritt von Sichtung (Betreff), Lesung (Inhalt der E-Mail) und Bewertung erfolgen. Hinzu kommt das Wissen darum, dass die schriftliche Fixierung nur bedingt einen Rückzugsraum für das bewusste oder unbewusste Vergessen lässt. Man kann sich nicht darauf berufen, nicht informiert worden zu sein. Nichtwissen, „dass man von bestimmten Dingen nichts weiß bzw. nicht wissen will oder vorgibt, nichts gewusst zu haben, dieser Weg, der für das Funktionieren von Organisationen aller

Art von großer Bedeutung ist, schließt sich nachdrücklich" (Wilz/Reichertz 2008: 225). Jede E-Mail *überantwortet* sozusagen unausgesprochen allen Empfängern der E-Mail die inhaltliche Verantwortung zu einem Teil.

Damit erhöht sich der Verantwortungs- und Entscheidungsdruck für den Einzelnen, sich fortwährend die neuesten Mail-Informationen zuzuführen, sie zu sichten, zu lesen und zu bewerten. Da E-Mails fortlaufend am Tag eintreffen und eintreffen können, muss die weitere Arbeit zwischenzeitlich immer wieder unterbrochen werden, um sich dieser Informationszuführung zuzuwenden (je nach E-Mail-Account wird man auch durch einen kurzen Ton über die Ankunft einer neuen Mail informiert). Bei Gesprächen als *Informanten* beschränkt sich zunächst der Prozess der Bewertung der Informationen auf das Gespräch selbst, Unklarheiten können in diesem direkt und unmittelbar thematisiert werden. Nach dem Gespräch oder der Teamsitzung wendet man sich dann der Ab- oder Aufarbeitung der entsprechenden Informationen und den Arbeitsaufträgen zu. Diese im Feld vorgefundene und hier als Beispiel angeführte Situation verdeutlicht die Verschränkung beider Kommunikationskulturen und ihren jeweiligen Funktionsrahmen.

4.2.5 Junge und alte Kollegen – Von der Teeküche zur digitalen Kommunikation

Der Wandel im Rahmen der Kommunikationskultur der Polizei vollzieht sich prozesshaft mit Einführung der Computertechnologie. Unterschiede in der Handhabung dieser Technologie und die damit einhergehende Änderung von oraler hin zu digital-literaler Kommunikation lassen sich zugleich mit dem Begriffspaar 'junge und ältere Beamte' beschreiben. Der Beamte Dräger macht dies auf Nachfrage in einem Interview deutlich. „Also die Neuen kommunizieren viel mit'm Computer. Das is' so" (IJ1: 856). Aber auch die mündliche Kommunikation hat ihren festen Platz und wird von Herrn Dräger auch als wichtig angesehen. An jedem Morgen trifft man sich zu einer Frühbesprechung. „Dann setzen wir uns mittags nochmal zusammen, nach'm Mittagessen. Halbe Stunde. Kaffeetrinken. Obwohl jeder hier viel zu tun hat, sitzt man viel zusammen, redet viel miteinander. Halte ich für unheimlich wichtig. Da weiß man nich' nur, was dienstlich läuft" (IJ1: 860-863). Während die Frühbesprechung mehr einen formalen Charakter ausweist, in der Arbeitsaufträge und -abläufe besprochen werden, bietet das mittägliche Zusammenkommen dann auch die Möglichkeit, dienstliche und private Aspekte auszutauschen. Für Herrn Dräger ist das gegenseitige Gespräch „unheimlich wichtig", da dort auch Privates ausgetauscht wird. Und dies ist für seine Arbeit wichtig. Warum dies so ist, sagt er nicht ausdrücklich. Aber es deutet an, dass auch das Wissen um die jeweils private Situation der KollegInnen für die eigene Arbeit und das Miteinander wichtig ist. Weiterhin sagt es auch, dass das *Miteinander* bedeutsam ist, dass es dergestalt für Herrn Dräger im Rahmen seiner Arbeit nicht nur um ein funktionales Miteinander geht, sondern es sich um eine Gemeinschaft handelt, in der man etwas vom Anderen *wissen* will. Wer sich nicht äußert, lässt die anderen dann auch im Ungewissen darüber, ob es bei ihm „läuft" oder nichts „Wichtiges läuft", ob es Probleme gibt oder ob er oder sie einfach ein Problem hat „unter 20 Leuten mal das Wort zu ergreifen und mal was zu erzählen. Weiß ich nich'" (IJ1: 870-871). Das abschließende „Weiß ich nich'" unterstreicht zugleich die von ihm erwähnte Praxis. Er weiß es nicht, weil darüber nicht gesprochen wurde, weil die KollegInnen, die sich in größerer Runde nicht äußern auch nicht erläutern, warum sie sich nicht äußern. Was bleibt, ist Unwissenheit bei den anderen. Und von anderen in Unwissenheit, in Unklarheit gelassen zu werden, beinhaltet den entsprechenden Vorwurf. Bedenkt man, dass gerade die Polizei die Funktion beinhaltet Unwissenheit in

Wissen, Unklarheit in Klarheit und daraus entstehende Unsicherheit in Sicherheit zu überführen und Polizeibeamte diesen beruflichen Aufklärungsimpuls besitzen, so ist die mangelnde Kommunikations - bereitschaft mancher KollegInnen ein *Untergraben* der altbewährten Praxis des gegenseitigen Austauschs und der oralen Tradition.

Eine wesentliche und strukturelle Veränderung, die mit dem oben beschriebenen Befund einhergeht, ist der Funktionsverlust der „Tee - küche". Die beiden Gruppentermine morgens und mittags sind fes - te und vorgegebene (oder mittags zumindest tradierte) Termine, die wahrgenommen werden (müssen). Daneben – und das hat Reichertz in seiner Studie (vgl. Reichertz 1991) deutlich gemacht – spielte die Teeküche, der Kommunikations- bzw. Besprechungsraum, als Kommunikations- und Informationsraum eine zentrale Rolle (vgl. Ka - pitel II./2). Dort wurde sich im Verlauf des Tages immer wieder ge - troffen, man unterhielt sich über Privates und Dienstliches und trank einen Kaffee. Eine Begründungspflicht für die Anwesenheit gab es nicht. Herr Dräger erklärt nun, dass es für Gespräche zwischendurch mittlerweile keine Zeit mehr gäbe: „Keine Zeit. Hier in diesem Kom - missariat keine Zeit. Absolut nich'. [...] Also wenn Sie 80 Vorgänge haben, und normal is' so 60 bis 80, dann is' keine Zeit für 'n Kaffee zwischendurch. Geht nicht" (IJ1: 878-881). Solcherart kommen zwei Aspekte zusammen, die für eine veränderte Kommunikationskultur als Erklärung dienen. Zum einen die zunehmende Nutzung des Computers, wenn es um Informationsaustausch geht und zum ande - ren die zunehmende Arbeitsbelastung. Ob diese tatsächlich zuge - nommen hat, kann hier zunächst unberücksichtigt bleiben. Denn ein Mehr an Arbeit erklärt nicht automatisch ein Ansteigen individuellen Arbeitens und damit die mangelnde Zeit für Gespräche zwischen - durch. Sofern diese Gespräche nämlich konstitutiv für die Klärung von Fällen und Arbeitsaufträgen wären, würden sie mit zunehmen - der Arbeit nicht weniger, sondern mehr werden. Vielmehr weist die

Kombination aus Arbeitsbelastung und der zunehmenden Nutzung des Computers darauf hin, dass immer mehr Arbeiten am Computer ausgeführt werden und dadurch die körperliche Präsenz an den Computer gebunden ist. Dieser „erzwungenen" Präsenz hinter dem Computer steht dann ein Besuch in der Teeküche entgegen. Herr Dräger beschreibt seinen Umgang mit Mails wie folgt: „Also ich – bei mir hat sich das so eingebürgert, dass ich eigentlich die E-Mails sofort beantworte. Weil ansonsten – die Masse, die erschlägt einen. Man kann sich nich' abends hinsetzen und 30, 40 E-Mails beantworten. Sondern wenn die reinkommen, werden die von mir sofort beantwortet.

[Interviewer:] Also Sie haben immer an [den E-Mail-Account] und wenn Sie das Piepen hören, also Sie haben auch 'n akustisches Signal und das...?

[Herr Dräger:] Ja. Und das kommt dann direkt auch auf 'n Bildschirm, ganz klein. Das kann ich anklicken, dann seh' ich sofort, wer es is'. Ansonsten ich gucke jede viertel Stunde normalerweise drauf" ((IJ1: 1553-1561).

Die E-Mail-Kommunikation *bindet* also die eigene Präsenz an den Computer bzw. das eigene Büro und das nicht nur für die Produktion eigener Nachrichten, sondern auch aufgrund der Erwartung von neuen Nachrichten. Die Praxis, die sich bei Herrn Dräger eingeübt hat: Er schaut mindestens alle 15 Minuten nach Mails und beantwortet sie dann auch sofort. Führt man an dieser Stelle die Teeküche und den Computer vergleichend zusammen, kann man festhalten, dass der Computer als *virtueller Informationsraum* die Teeküche in ihrer Funktion abgelöst hat. Man verweilt oder pendelt zumindest regelmäßig (mind. alle 15 Minuten) zum Computer in Erwartung kommunikativer Eingangsimpulse (E-Mails). Und die selbst auferlegte, aber auch von Vorgesetzten erwartete schnelle Reaktion auf Mails führt zu einer weiteren räumlichen Verankerung im eigenen

Büro. Antwortet man längere Zeit nicht, erfordert dies zumindest implizit eine Erklärung und Begründung.

Zusammengefasst verlagert sich der Kommunikationsraum von der mündlichen hin zur z.b. E-Mail-Kommunikation. Abhängig ist das zugleich von der jeweiligen Generation der Polizeibeamten und der jeweiligen Beziehung untereinander: „Unter den jüngeren Kollegen sehr viel mit Mails, unter den älteren Kollegen sehr viel im persönlichen Gespräch." Herr Dräger hat sogar eine eigene *Skala*, wie er mit wem Kontakt aufnimmt. „Und im Endeffekt sucht man innerhalb der Behörde nur die Kollegen auf, mit denen man befreundet is'. Zu denen geht man dann persönlich hin. Mit den anderen – also ich: Telefon. Wenn er nich' dran geht, Mail" ((IJ1: 1639-1643). Herr Dräger sieht selbst eine Dreiteilung der KollegInnen in diesem Punkt der Mediennutzung. Denn zu den jungen und alten Beamten, die sich grob aufteilen lassen in intensive E-Mail-Nutzer auf der einen und stark auf Gespräche ausgerichtete auf der anderen Seite, sieht er in den „Studenten" die neue Generation. „Und jetzt find' ich wieder interessant die nächste Generation. Das sind die Studenten, die jetzt bei uns durchlaufen. Die haben ja alle Medien drauf. Und die sind dann auch mit BlackBerry und Ähnlichem unterwegs. Die kommunizieren dann auch wieder untereinander. Nich' gegenüber – auch nich' gegenüber den Kollegen, wie ich es jetzt zum Beispiel bin und der noch IT-mäßig aufgeschlossen is'. Also die sind ja schon wieder 'ne ganze Ebene weiter als wir, muss man ganz trocken realisieren" (IJ1: 914-920). Herr Dräger beschreibt dergestalt einen großen medialen Umbruch, in dem sich die PolizeibeamtInnen befinden, da sich untereinander generationenspezifische Kommunikationsformen verdichten, die andere – z.B. ältere – Beamte gar nicht nutzen (z.B. Blackberry, Smartphone) oder nur nötigenfalls (E-Mail-Kommunikation) einsetzen. Umgekehrt geht die orale Tradition z.B. der *Erzählungen* nach und nach verloren, weil sie nicht mehr praktiziert und tradiert wird, und das auch, weil die Funktion der Teeküche hierfür verlorengegangen, in Vergessenheit geraten ist. Darüber hinaus steht das Verhältnis bzw. das Vorhandensein beider Kommunikationskulturen – oral und literal – z.b. in einer Organisation im Einklang mit kommunikations- und medientheoretischen Erkenntnissen, nach denen ein neues Medium ein Altes nicht gänzlich überflüssig macht oder auflöst, sondern das kommunikative Möglichkeitsfeld erweitert. Auch wenn ein neues Medium und die damit einhergehenden Änderungen in der Kommunikationskultur dominant werden, wird das bereits vorhandene nicht überflüssig, sondern existiert parallel dazu weiter oder zieht sich ggf. in eine Nische zurück (vgl. z.B. Kümmel/Scholz/Schumacher 2004). So hat – verkürzt gesprochen – das Radio nicht die Zeitung, das Kino nicht das Radio, das Fernsehen nicht das Kino und das Internet nicht alle anderen Medien überflüssig gemacht, sondern sie verweilen in einer gewissen Koexistenz; auf der Seite der Mediennutzer entwickelt sich eine crossmediale Handhabe, die Medien durchdringen, kommentieren und befruchten sich gegenseitig.

5. Von der oralen zur literalen Kultur und wieder zurück

5.1 Wandel der Kommunikationsmedien – Veränderung der Kommunikationskultur

Wenn man über Aspekte der Oralität und Literalität in einer Organi-sation wie der Polizei reflektiert, geht es nicht nur um eine Untersu-chung von einer möglichen Wissenstradierung und -generierung (Er-zählungen, Wissens- und Informationsweitergabe, *Teeküche* u.a.), sondern damit einhegend auch um beziehungsstiftende Vorgänge. Das meint auch, dass Wissensvermittlung und Wissensmanagement sozialkonstruktivistisch als ein „Prozess des Wissenserwerbs, des Ar-beitens und der Strukturen der Organisation (und der Technik)" (Wilz/Reichertz 2008: 222) verstanden und als sozial hervorgebracht gesehen werden müssen. Die Polizei ist nicht mit jeder anderen Or-ganisation zu vergleichen. Ihr zu bearbeitendes Feld – Prävention vor und Aufklärung von Kriminalität[23] – ist bereits ein staatlich garan-tiertes (Exekutive) exklusives Feld, das zudem mit einem Gefahren-potential für Leib und Leben versehen ist.

Der Wandel der Medien, mit denen kommuniziert wird, hat auch im-mer den Wandel in anderen Bereichen zur Folge. Die Entwicklung im Allgemeinen und die Einführung der elektronischen Medien in das polizeiliche Arbeiten im Besonderen darf nicht nur als ein tech-nologischer Wandel verstanden werden, sondern muss als eine neue Form des Umgangs mit Informationen gesehen werden, die sich auf die Wahrnehmung (vgl. auch Röhl 1996: 1), aber auch auf gewisse Einstellungen legt. Es lassen sich – wie oben bereits angedeutet –

---

[23] Hierbei darf nicht übersehen werden, dass sich Aufgaben der Polizei zuneh-mend von privaten Anbietern, aber auch den Medien – verstanden als Akteure – übernommen werden und damit mittlerweile eine Reihe von Akteuren im Feld der Inneren Sicherheit tätig sind. Vgl. hierzu mit einem medienbezogenen Schwerpunkt Bidlo, Englert, Reichertz 2011.

einige Umbrüche in der Geschichte der Informationsübermittlung, -verarbeitung und -speicherung verzeichnen, so etwa der hier thematisierte Übergang von der Oralität zur Literalität (vgl. vor allem Ong 1987). Mit dem Aufkommen der Schrift wandelten sich die mündlichen Überlieferungen. Während zu Beginn die Schriftzeichen noch zur Unterstützung und Verstärkung des gesprochenen Wortes genutzt wurden und damit für die oralen Überlieferungstraditionen standen, wurde mit dem Aufkommen des Buchdrucks der Schriftgebrauch schließlich revolutioniert. Damit einher ging zugleich die schleichende Veränderung gewisser sozialer Praktiken. Ein Beispiel ist die bereits erwähnte Fixierung von vertraglichen Aspekten „schwarz auf weiß", wenngleich jemandem „sein Wort zu geben" zwar auch heute noch verbindlich, aber wesentlich schwerer nachzuweisen ist.

Die Digitalität bildet den derzeit aktuellen Schritt in dieser Entwicklung. Dabei ersetzen neue Möglichkeiten der Nachrichtenübermittlung nicht die etablierten Formen, sondern ergänzen das kommunikative Repertoire und führen möglicherweise zu einer Verschiebung in der sozialen Relevanz der entsprechenden Kanäle (vgl. Schröder/-Voell 2002b: 12).

Ohne eine schriftliche Speicherung von Wissen verbleiben identitätsbildende und -sichernde Praktiken und Wissen – wie in schriftlosen Gesellschaften üblich – nur im menschlichen Gedächtnis und werden in geronnener Form in Handlungspraktiken und Riten sichtbar. Daher „ereignet" sich Sprache, „ist Gespräch, Verständigung, Mitteilung, Kommunikation. Text dagegen konstituiert sich im Rückgriff auf vorgängige Kommunikation. Hier ist immer Vergangenheit im Spiel. [...] Sprachliche Kommunikation ereignet sich in der Situation des Gesprächs, Texte dagegen entstehen in der ‚zerdehnten Situation' der Überlieferung" (Assmann 2007: 9).

Während die mündliche Kommunikation einen gewissen Wissensstil prägt, tut dies gleichsam die verstärkte Implementierung schriftlicher Formen. Mit der Textfixierung entsteht die Möglichkeit des Vergleichens der fixierten Texte und: „Der Mensch ist nicht mehr in die konkrete kommunikative Situation eingebunden und kann sie später anhand verschiedener Zeugnisse mit einem gewissen Abstand bewerten. Erst dadurch sind Wissenschaft, Geschichtsschreibung und Rationalität möglich geworden. Auch wird die Bedeutung der Schrift für Urbanisierung, Bürokratie, Staat, Wirtschaft und die Verbreitung der Weltreligionen diskutiert" (Schröder/Voell 2002a: 18-19).

Die Veränderung der Kommunikationskultur ist nicht nur aus einer kommunikations- und medienwissenschaftlichen Perspektive zu konstatieren, indem in erster Linie der Wandel in der Kommunikation beschaut wird. Vielmehr zeigt sich im Rahmen einer kulturwissenschaftlichen Perspektive die Veränderung gewisser Praktiken. Eine solche Sichtweise „sieht die Welt- und Selbstverhältnisse des Menschen, kulturelle Praktiken, ästhetische Symbolisierungsleistungen und geistige Tätigkeiten eingelagert in mediale Bedingungen, die an deren Formierung beteiligt sind. Medien sind in diesem Verständnis sehr viel mehr als Instrumente für Kommunikationen: sie sind Ermöglichungen und Bestimmungsfaktoren kultureller Praxen" (Karpenstein-Eßbach 2004: 8). Ein Beispiel, an dem dies verdeutlicht werden soll, und das in den empirischen Daten sowie in der bisherigen Darstellung bereits vereinzelt erwähnt wurde, ist das Konzept der *Verantwortung.* Der schleichende Wechsel der kommunikativen Praxis in der Organisation der Polizei führt – so ist zu konstatieren – zu einer Versachlichung des Konzeptes der Verantwortung. Die Verantwortung wird immer öfter nicht mehr persönlich, im Rahmen eines Gespräches mit all seinem Vergemeinschaftungspotential überantwortet, sondern durch die Versendung bzw. Weiterleitung einer Mail. Der Inhaltsaspekt (Gegenstand der Verantwortung) bleibt hierbei erhalten, allerdings verliert der mit Verantwortung einhergehende Beziehungsaspekt (Verantwortungsgefühl, Bedeutsamkeit der Sache und Aufgabe) an Bedeutung. Um diesen hervorgetretenen Aspekt abschließend zu verdichten, soll nochmals auf den Begriff der Verantwortung eingegangen werden.

5.2. Verantwortung[24]

Beschaut man die etymologische Entwicklung des Begriffes „Verantwortung", zeigt sich bereits die Verbindung von Sprache und Gegensprache. Der Ursprung des Begriffes liegt in der römischen Rechtslehre, was dort soviel bedeutete, wie dem Gericht Rede und Antwort zu stehen. Impliziert ist das Verantwortlichsein für seine Taten. Begriffsgeschichtlich im Rahmen des deutschen Sprachraumes ist *Verantwortung* erst in der zweiten Hälfte des 15. Jahrhunderts nachweisbar, beinhaltet aber bereits einige Bedeutungskonnotationen. Es meint die Handlung des sich Verantwortens, das Rechtfertigen vor Gericht (in theologischer Hinsicht auch vor Gottes Richterstuhl). Eine daraus verallgemeinerte Fassung hebt die persönliche Beziehung und die Unmittelbarkeit der Verantwortung hervor: „[S]o ist verantwortung meist persönliche rechtfertigung in eigener sache oder in einer, die ich zur meinigen gemacht" (Grimm 1854-1961: o.S.). Die Unmittelbarkeit, die mit dem Begriff der Verantwortung einhergeht, wird einmal aufgrund des Begriffes selbst deutlich: Man muss antworten und das tat man in früherer Zeit durch das gesprochene Wort. Das Wort war an einen Sprecher gebunden und kann als Person selbst gelten. Beschaut man es genau, lassen sich zwei Ebenen der Unmittelbarkeit im Rahmen der Verantwortung ausmachen. Einmal die Unmittelbarkeit für den Gegenstand, die Person oder Sache, für die man Verantwortung trägt. Zum anderen die Übertragung von Verantwortung und das anschließende *Antworten*

---

[24] In Auszügen und im Kontext der Buberschen Dialogphilosophie bereits angezeigt in Bidlo 2013.

darauf. Es ist zwar heute nicht mehr zwingend erforderlich bei der Übertragung von Verantwortung (z.B. für gewisse Aufgaben) Unmittelbarkeit (z.B. durch ein Gespräch) walten zu lassen, man kann dies auch (was heute oft der Fall ist) z.B. per E-Mail machen. Aber das Aufspannen des triadischen Beziehungsgeflechts zwischen dem „Auftraggeber" (der Instanz), dem Empfänger und dem Gegenstand der Verantwortung wird durch unmittelbare Kommunikation tragfähiger.[25] Der Begriff der Verantwortung ist ein, wenn man so will, fundamental menschlicher und über Kommunikation hergestellter. „Zum einen ist Verantwortung als kommunikative und relationale Kategorie an Personalität, Entscheidungs- und Handlungsfreiheit gebunden; zum anderen beruht sie auf der Anerkenntnis von Gesetzen und Normen. Diese Bedingungen können nur vom sprachfähigen Wesen, mithin vom Menschen erfüllt werden" (Sommer 1997: 21). Diese Sichtweise setzt Folgendes voraus: „Die anthropologischen Prämissen der Soziabilität und des sich in seine Umwelt vermittelnden Menschen begründen den für das Praktisch-Werden von Verantwortung dialogischen Bezug zum Mitmenschen wie allgemeiner den Bezug zur Lebenswelt" (Sommer 1997: 22). Auch in Institutionen bleibt Verantwortung selbstredend erhalten, wird aber im Rahmen der institutionellen Entlastungsleistungen (vgl. Sommer 1997: 39; allgemeiner Gehlen 2004) und der Zwecktransformation formalisiert und damit teilbar und übertragbar. Im Rahmen organisationalen und institutionellen Handelns ist die Teilbarkeit von Verantwortung z. B. in Verantwortlichkeiten (was hier soviel meint wie Zuständigkeiten) ein Teil der institutionellen Praktikabilität (vgl. Sommer 1997: 41). Wenn nun bereits aufgrund der institutionellen Formalisierungsleis-

---

[25] Im Rahmen der Standardtheorie der Verantwortung wird von folgenden drei Pfeilern gesprochen: Dem Subjekt der Verantwortung, dem Objekt und der Instanz der Verantwortung. „Im Vordergrund steht die Prüfung, wer für wen (oder was) nach welchen Kriterien verantwortlich ist (oder gemacht werden kann)" (Heidbrink 2003: 22).

tung das Verantwortungsprinzip sich von dem Einzelnen im Sinne eines personalen Bezugs löst, verstärkt sich dieser Aspekt aufgrund nicht-personaler (vermittelter) Kommunikation (z.B. durch E-Mail-Kommunikation). Auch ein weiterer Aspekt verweist beim Verantwortungsbegriff übrigens auf die Bedeutung von Unmittelbarkeit. Vor Gericht, aus dessen Umfeld auch der Begriff der Verantwortung stammt, kennt man das Prinzip der Unmittelbarkeit ebenfalls. In der Zivil- und der Verwaltungsgerichtsbarkeit umfasst es die Vorgabe, dass die Verhandlung mündlich erfolgen soll (§ 128 ZPO bzw. § 101 VwGO). Die Verhandlung soll sich in einem unmittelbaren Kontakt der Verhandlungsbeteiligten vollziehen.[26] Alle zur Entscheidung berufenen Richter müssen sich dergestalt selbst einen Eindruck von den zu Grunde gelegten Tatsachen machen. Daher darf ein Urteil nur von den Richtern gefällt werden, die in der entsprechenden Verhandlung anwesend waren (vgl. § 309 ZPO). Dass die Verantwortung im Rahmen des polizeilichen Handelns eine besondere Rolle spielt, wurde bereits weiter oben thematisiert. Es ist die Situation des Einsatzes, in der Polizeibeamte unmittelbar und ggf. plötzlich füreinander verantwortlich sind und zwar in einer existenziellen auf die Unversehrtheit des Anderen bezogenen Form. Der Begriff der Verantwortung beinhaltet hier den normativen Gehalt der Fürsorge.[27] Dieses in Richtung einer Ethik hinausweisende Feld des Verantwortungsbegriffs ist durch Hans Jonas' Buch „Das Prinzip Verantwortung" (vgl. Jonas 1979) präsent geworden und hebt in diesem hier formulierten Zusammenhang in Form eines übergeordneten Rah-

---

[26] Nur in Ausnahmefällen kann unter Zuhilfenahme technischer Hilfsmittel diese Unmittelbarkeit aufgelöst werden. Aber auch hier muss mindestens ein unmittelbarer visueller Kontakt (z.B. Videotelefonie) gewährleistet sein. Eine reine Telefonkonferenz (auditiv) reicht nicht aus.

[27] An dieser Stelle zeigt sich: Der Begriff und das Konzept der Verantwortung haben eine Reihe von Anschlussmöglichkeiten an andere Begriffe wie z.B. Solidarität, Vertrauen, Fürsorge, Verpflichtung u.a.

mens auf die Folgen, Erfordernisse und Herausforderungen einer technologischen Zivilisation ab. Damit ist zugleich das Problem der Handlungsfolgenabschätzung im Rahmen technologischer Innovationen und der Technikentwicklung bzw. des Technikwandels (vgl. Werner 2003: 43-44) angesprochen, in der die E-Mail-Kommunikation nur ein (praktisches) Beispiel im Rahmen einer gesamtgesellschaftlichen und kulturellen Entwicklung ist. Jonas hebt vor allem auf bio- und gentechnologische Entwicklungen ab. Dennoch lässt sich das Prinzip seiner Verantwortungsethik auf die technologischen Entwicklungen im Rahmen der menschlichen Kommunikation und die menschliche Kommunikationsökologie (vgl. Donath/Mettler-v. Meibom 1998) beziehen, wenn man bedenkt, dass Gesellschaften im Allgemeinen und Gemeinschaften im Besonderen sich wesentlich durch die Art ihrer Kommunikation und ihrer Kommunikationsformen konstituieren. Normativ heißt dies, dass ein *quantum satis*, d.h. das Potential bzw. die in Situationen eingelassenen Möglichkeiten zum unmittelbaren Dialog, anzustreben ist. Dieses quantum satis gilt es, innerhalb der technischen Kommunikation bestimmbar und sichtbar zu machen. Und auch wenn die Technik als Sinnbild für die Rationalität steht, bleibt die Möglichkeit für die Umsetzung auf Unmittelbarkeit fußender Gespräche (vgl. Bidlo 2006: 202). Der Beamte Herr Lennert hat diesen Umstand im Rahmen des Feldbesuches insofern beschrieben, als er die Vor- und Nachteile der neuen Medien miteinander abgewogen und beschrieben hat.

5.3 Die verantwortungsgenerierende Teeküche

Reichertz (vgl. 1991) hat den erkenntnis- und wissensgenerierenden Aspekt der oralen Kommunikation hervorgehoben, wenn er die Teeküche als informellen und heuristischen Möglichkeitsraum beschreibt. Allerdings fehlt hier die für die Verantwortung wichtige personale Beziehungsebene, sie wird nicht problematisiert bzw. un-

76

terstellt. Der beziehungsstiftende Dialog (vgl. Buber 1995), das Gespräch zwischen Ich und Du bringen auch eine gegenseitige Verantwortlichkeit und Fürsorge hervor, die für die polizeiliche Arbeit – zumal im direkten Einsatz – von wesentlicher Bedeutung ist. Herr Dräger betonte im Interview, dass die persönlichen Gespräche zwischen den KollegInnen wichtig seien, aber diese mitunter auch weniger würden. Er konstatiert sogar einen Gesprächsverlust – nicht nur bei seinen Kollegen –, sondern überhaupt in der Gesellschaft:

„Und die Leute sind auch nich' mehr so hilfsbereit und so gesprächsbereit. [...] Und der nächste Punkt ist, dass wir natürlich auch neue Ermittlungsansätze über IT-Möglichkeiten haben, die es früher nich' gab, die man jetzt nutzt. Die zwangsläufig im Büro durchgeführt werden. Also die Arbeit hat sich schon grundlegend geändert" (IJ1: 1047-1052).

Die Verantwortung im Rahmen unmittelbarer Kommunikation, im Gespräch, wird performativ (vgl. Fischer-Lichte 2004) aufgeladen. Das Performative im Sinne von ‚wirklichkeitskonstituierend' wird durch das körperlich Rückgebundene an eine konkrete Situation ermöglicht; das ist eine – zwar nicht ausschließliche, aber ermöglichende – Voraussetzung für die Bedeutungserzeugung einer Sache, einer Situation, einer Aufgabe, einer Person gegenüber. Das heißt nicht, dass dies im Rahmen schriftlich-digitaler Kommunikation nicht möglich wäre. Aber es meint, dass die Möglichkeit hierfür dichter und umfangreicher im Rahmen der unmittelbaren, persönlichen Kommunikation ist. Der Verlust oder besser: das *funktionale* nicht mehr Vorhandensein der Teeküche ist dann zugleich eine Reduktion von informellen und heuristischen Möglichkeitsräumen – die z.B. auch vorbereitenden Charakter für Entscheidungen in Situationen haben können –, aber auch von Räumen, die persönliche Verantwortlichkeit befördern können. An der Aussage von Herrn Dräger wird der bereits konstatierte Wandel von der Teeküche zum virtuellen IT-Raum deutlich. Der Prozess, von der oralen hin zur literalen Kultur, hat sich aufgrund der technischen Entwicklung – hier am Beispiel der E-Mail-Kommunikation – verdichtet und beschleunigt und verweist auf Veränderungen in der Praxis. Parallel dazu zeigen sich auch Prozesse der „sekundären Mündlichkeit", d.h. die Nutzung von Medien auf Sprachbasis, hier besonders bezogen auf das Mobiltelefon. Oralität spielt hierdurch heute wieder eine beutende Rolle, allerdings im Rahmen der reduzierten fernmündlichen Kommunikation und dies zumeist reduziert auf das Gespräch zwischen zwei Personen.[28] Zugleich ist in der gegenwärtigen Praxis und auch im kulturwissenschaftlichen Diskurs eine Entwicklung zu beobachten, die gerade eine „Kultur des Performativen"[29] proklamiert und operational mit der Dichotomie „Von der »Kultur als Text« zur Performativität von Kultur" arbeitet. Wenngleich Performativität nicht zwangsläufig mit oraler Kommunikation gleichgesetzt werden kann, spielen sich in oraler Kommunikation stärker performative Prozesse ab, als in literaler Kommunikation. Betrachtet man nämlich die Performativität von Kommunikation und Kultur, „verlagert sich das Interesse stärker auf die Tätigkeiten, Handlungen, Austauschprozesse, Veränderungen und Dynamiken, welche die jeweiligen kulturellen Ereignisse überhaupt erst konstituieren" (http://www.sfb-performativ.de, Gesamtkonzept). In dem hier untersuchten polizeilichen Kontext heißt das zusammengefasst, dass sich das Konzept der Verantwortung umgekehrt weg vom Performativen (orale Kommunikation) hin zum Literalen (E-Mail-Kommunikation) und damit von der Beziehungsebene der Verantwortung weg zur Sachebene hin wandelt.

---

[28] Wenn man einmal von der Möglichkeit von Telefonkonferenzen absieht.
[29] Vgl. den Sonderforschungsbereich der DFG „Kulturen des Performativen" (bis 2011) unter www.sfb-performativ.de

6. Abschluss

Eine kurze Zusammenfassung soll nochmals die Ergebnisse der Materialanalyse auf den Punkt bringen.

Im Vergleich zur Reichertz-Studie aus dem Jahre 1991 haben sich deutliche Veränderungen ergeben. Im Jahre 1991 war die soziale Kommunikationspraxis und Wissensgenerierung und -vermittlung geprägt von Oralität. In der Teeküche wurde sich getroffen, über Fälle diskutiert und Privates besprochen. Die Teeküche war der Ort für den ermöglichenden *Zufall*, der Ort, der sich aufgrund des Wissens um die Kontingenz des eigenen Wissens zwanglos bildete. Die orale Kommunikationskultur war und ist damit ein wesentlicher Beschreibungsfaktor für die polizeiliche Arbeitspraxis im Allgemeinen und der Aufklärungsarbeit im Besonderen. Darüber hinaus unterstützte ein solcher Kommunikationsraum die persönliche Bindung und die Verantwortung unter- bzw. füreinander. Weiterhin gab es *Geschichten*, beinahe *Mythen*, die immer wieder in der Gemeinschaft erzählt wurden und gewisse Handlungs- und Verhaltensweisen über „Generationen" hinweg tradierten – ein, wie gezeigt wurde, wichtiges Kennzeichen oraler Kulturen. Heute ist die Teeküche verschwunden. Genauer: Nicht der Raum ist verschwunden, sondern seine Funktionsweise. Zugleich sind nämlich auch *Erzählungen*, die Handlungspraktiken beispielhaft veranschaulichten und oral tradiert wurden, zwar nicht gänzlich verschwunden, haben aber an Bedeutungen verloren.

Auch heute spielt Oralität in der polizeilichen Praxis eine wichtige Rolle. Morgendliche und wöchentliche Besprechungen sind fest etabliert, der *Flurfunk*, also der informelle Austausch auf den Fluren und zwischen „Tür und Angel" ist eine etablierte Praxis. Dennoch hat die Einführung des Computers und der Digitalität allgemein zu einer Verschiebung der Kommunikationsformen geführt. Schriftlich-digitale Formen des Austauschs (z.B. E-Mails) haben einen hohen Stellenwert eingenommen und dazu geführt, dass die erste und letzte Tat des Tages (zumindest im Büro) das Ein- und Ausschalten des Computers ist.[30] Hinzu kommt die damit einhergehende körperliche Gebundenheit an den Computer. Man muss in Reichweite sein, um regelmäßig seine E-Mails abrufen zu können.[31] Die Anbindung an den Computer führt dann in doppelter Hinsicht zu einem Entzug oraler, körperlich unmittelbarer Kommunikation, die zugleich mit einer Schwächung des Verantwortungskonzeptes einhergehen kann. Das bereits genannte „Wegklicken von Verantwortung" und die nicht mehr körperliche Rückbindung an Verantwortung (*persönliche* Verantwortung) sind hier zwei Aspekte, die es zu konstatieren und zu beobachten gilt.

Die Bewegung bzw. die Veränderung der Kommunikationskultur ist – so zeigen es die Daten – auch eine Generationenfrage. Während die älteren Beamten mit dem Computer notgedrungen umgehen und den nötigen Umgang per Mail pflegen, kommunizieren die Jüngeren bereits verstärkt online. Und die jeweils junge bzw. neue Generation, die vom Studium aus in die Praxis kommt, verwend alle möglichen und vorhandenen Kommunikationstechniken, d.h. Smartphone, Computer usw. Allein dieser Umstand zeigt an, dass – sobald die ältere Generation in Pension geht – als Ausblick eine weitere Verschiebung in Richtung digital-literaler oder sekundär oraler (Whatsapp, Smartphonenutzung) und weg von unmittelbarer face-to-face-Kommunikation (einzeln oder in Gruppen) prognostiziert

---

[30] Manchmal bleibt der Computer sogar über Nacht eingeschaltet, weil die Beamten damit die Zeit zum Starten des Computers am nächsten Morgen einsparen.

[31] Inwieweit sich dies wiederum durch die Möglichkeit des Smartphones zum E-Mail-Abruf ändern wird, bleibt abzuwarten, da dadurch auch die Gefahr einhergeht, dienstliche E-Mails tatsächlich zu „verlieren" z.B. durch Verlust (Diebstahl, das Liegenlassen etc.) des Smartphones.

werden kann. Gleichwohl, und das macht die Notwendigkeit einer Synthetisierung beider Handlungsweisen (digital und analog) evident,[32] bleibt die konkrete Einsatzsituation sowohl in Bezug zum Bürger als auch zu PolizeibeamtInnen untereinander weiterhin von unmittelbarer Kommunikation geprägt.

---

[32] Die hier auszubildende Kommunikationsfigur nenne ich an anderer Stelle den *digitalen Polysynthetiker* (vgl. Bidlo 2006: S. 253 ff.).

III. Die Anpassung an und die Nutzung von digitale(n) Medien in der Polizei

1. Einleitung

Das nachfolgende Kapitel setzt sich mit dem Aspekt der Anpassung und Aneignung von digitalen Medien – besonders des Computers und dem damit verbundenen Zugriff auf das Inter- und Intranet, der E-Mailkommunikation und spezieller Polizeisoftware – im Rahmen des polizeilichen Handelns auseinander. Durch die Auswertung von Feldnotizen und Interviews soll die Praxis der Nutzung und Aneignung untersucht werden. Wenn bisher die Studie von Reichertz aus dem Jahr 1991 als Vergleichsfolie diente, dann gilt das zwar auch für die nachfolgenden Ausführungen. Allerdings muss diesbezüglich betont werden, dass die 1991er-Studie nicht besonders auf technische Aspekte abhob und sich zwischen damals und heute ein *Zeitenbruch* vollzogen hat. Die Entwicklung und Verbreitung von digitalen Medien (hier vor allem Computer und das einsetzende Internetzeitalter) war zwar bereits in den 1990er Jahren in vollem Gange. Allerdings spielte diese Technik bei der Polizei – wie gleichwohl in einer Reihe anderer Organisationen – noch kaum oder gar nicht eine Rolle oder war wenigen ausgewählten Experten vorbehalten. In den Schilderungen von Reichertz' 1991er-Feldforschung tauchen daher computertechnische Verwendungen und Handlungen (z.B. Datenbankeingaben, weitere Verwendung des Computers etc.) der Beamten nicht auf. Die Sprache drehte sich dort, wenn es um Technik ging, um Formblätter, Telefon oder Telefaxgerät.

Die leitende Perspektive der folgenden Ausführungen ist nun die Frage nach der Art und Weise wie in dem Kontext der Computer- und digitalen Techniknutzung Wissen von den Beteiligten wechselseitig vermittelt und aufgenommen wird und welche *Praktiken sich* diesbezüglich etabliert haben. Das bezieht zum einen formelle Aspekte mit ein – also z. B. Fortbildungen, Seminare usw. –, aber vor allem auch informelle Vorgänge, also die Hilfe und Unterrichtung von *wissenden* KollegInnen, autodidaktische Aneignung (z.B. Learning-by-doing). Mittelbar spielt dergestalt auch die Frage eine Rolle: „Verändert das Internet die Praxis polizeilichen Arbeitens?" (Wilz/Reichertz 2008: 221).

Als Hintergrundfolie richtet sich der Blick der Untersuchung damit auf den Prozess, wie unter dem Einzug und dem damit entstehenden Aneignungsprozess der neuen Medien eine neue Praxis der Entscheidungsfindung entsteht. Es gibt in Organisationen wie der Polizei formale und formalisierte Strukturen, „die sich in Organigrammen, Leitlinien und Prozessbeschreibungen widerspiegeln" (Keller 2008: 1). Darüber hinaus findet sich eine Umgebung, die stärker durch persönliche Beziehungen geprägt ist und auf Selbstorganisation aufbauender Gruppeninteraktionen fußt. „D.h. unterhalb der formalisierten Organisationsoberfläche liegen informelle Cluster und Beziehungsnetzwerke von Organisationsmitgliedern, die sich untereinander austauschen – etwa indem sie sich gegenseitig Ereignisse [...] aus ihrem Arbeitsalltag erzählen oder indem sie gemeinsam Probleme lösen" (Keller 2008: 1). Im Rahmen des Umganges mit und der Nutzung von computer- und softwaretechnischen Artefakten, um die es im weiteren Verlauf gehen wird, steht die Verwendung und die Aneignung der Technik im Rahmen ihrer sozialen Praxis im Vordergrund und nicht die Analyse des Werkzeugs selbst, verstanden als einen zusammenhangs- und beziehungslosen Gegenstand.[33] Es geht also mehr um „Formen von Praxis" (Irrgang 2009: 9) und das damit einhergehende Geflecht aus Beziehungen, Kommuni-

---

[33] Man denke hier an Latour (1995), der eine beziehungslose Existenz der Technik ausschließt und die Subjekt-Objekt-Dichotomie aufzulösen versucht.

kationen, Hierarchien und Handlungen.Der tiefe Einfluss der digita-
len Medien auf die Arbeit- und Alltagswelt und der entsprechenden
Kommunikation wird u.a. auch daran deutlich, dass z.b. aus dem
Handy heute ein Smartphone geworden ist, mit dem man nicht
mehr nur telefoniert, sondern navigiert, Mails diktiert, Flüge und
Bahnreisen bucht, Videos aufnimmt oder Musik hört oder macht.

1.1 Theoretische Implikationen

Aus medien- und kommunikationstheoretischer Sicht gibt es eine
Reihe von Studien zu den Auswirkungen der Medien im Allgemeinen und den Auswirkungen des Internets im Besonderen. Grundlegend darin ist die Auffassung, dass Medien keine neutralen Werk-
zeuge sind, sondern immer auch ihre Nutzer (Menschen, Organisationen) tiefgreifend ändern. Welche Aneignungsformen sich in Organisationen mit welchen Folgen entwickelt haben, zeigen zum Beispiel die Arbeiten von Münker/Roesler 1997, Thimm 2000 oder Jä-
ckel/Mai 2005; veränderte Formen des Lernens werden in Eibl 2004
und Kuhlen 1999 analysiert. Wie wesentlich der Prozess der eigen-
ständigen (und eigenwilligen) Aneignung ist, zeigen nachdrücklich
die Arbeiten aus der Tradition der Cultural Studies (zum Beispiel
Hepp u.a. 2015, Hepp 1999). Überdies lässt sich allgemein auch auf
eine technische Konstruktion der gesellschaftlichen Wirklichkeit verweisen (vgl. Rammert 2016).

Für die neuen Medien gilt in besonderer Weise, dass sie eines mate-
riellen Trägers bedürfen, sollen sie von Menschen genutzt werden.
Diese Materialität der neuen Geräte braucht einen Ort, sie braucht
Wartung und eine Einbettung in Handlungskontexte. Damit schreibt
sich das Medium über seine Materialität in die (sozialen) Orte seiner
Nutzung ein. Arbeitsplatzstudien untersuchen, wie neue Geräte
neue Umgangsweisen und damit neue Arbeitsweisen schaffen. Die
ethnomethodologisch inspirierten Work(ing) Place Studies (vgl. all-

gemein Knoblauch/Heath 1999) zeigen immer wieder akribisch, wie die neuen Geräte tief in das soziale Handeln eingreifen und die Arbeit der Nutzer verändern. Geräte sind nicht bloß die körperlichen Hüllen des Mediums, sondern auch die Repräsentation des Mediums. Dieses Medium kann nicht durch einen beliebigen Gebrauch in alles Mögliche verwandelt werden, sondern ist von menschlichen Akteuren mit dem Ziel geschaffen, menschliche Probleme zu lösen. Aber es geht dabei über einen reinen Instrumentencharakter insofern hinaus, als es im Rahmen der Nutzung immer auch ein Unbestimmtheitsmoment in sich trägt (vgl. Latour 2010: 77) und nicht ohne Weiteres von seinem Nutzer geschieden werden kann (vgl. Flusser 1994, 1996).

Geräte sind also Teile von menschlichen Gesten und eine Geste ist so verstanden „eine Bewegung des Körpers oder eines mit ihm verbundenen Werkzeugs" (Flusser 1994: 8). Damit stellt sich dann auch die Frage neu, wie die Geräte sich auf das Handeln der Akteure vor Ort auswirken. Eine solche Sicht teilt nicht zwangsläufig die Auffassung Latours Akteur-Netzwerk-Theorie, nach der Maschinen, da sie Dinge verändern, auch Agenten sind (vgl. Latour 2007: 71ff.). Medien bewirken zwar Veränderungen, jedoch gehen diese auf den im Medium verkörperten Sinn anderer, nicht anwesender und meist vergessener menschlicher Akteure zurück und entstehen erst in der „Anwendung" durch Akteure. Medien sind in diesem Verständnis dergestalt keine sinnneutralen Mittel, die Handeln begleiten und ermöglichen, sondern müssen vor allem als Artefakte verstanden werden, die eine bestimmte Form und einen bestimmten Sinn der Verwendung schon in sich tragen und in einem Arbeitsfeld den jeweiligen Nutzern diesen Sinn als Möglichkeit, aber auch als Beschränkung antragen.

Der Prozess der Aneignung von Technik im Allgemeinen durchläuft unterschiedliche Stadien, wobei der Aspekt der Bedrohung mitunter einer der ersten ist. „Es bleibt bei der allgemeinen Feststellung, daß alles Neue auf ein gewisses TR Potenzial trifft (wobei Tr sowohl für Tradition wie für Trägheit stehen kann), daß man sich dann allmählich an das Neue gewöhnt und daß sich die Tendenz zur Ritualisierung durchsetzt, daß jenes Neue also zur Routine wird" (Bausinger 1980: 3).

Die Frage nach der Aneignung von Technik muss auch die Frage nach der Akzeptanz von Technik einbeziehen. Bereits Karl Marx hat zwei Pole dafür formuliert: „In Manufaktur und Handwerk bedient sich der Arbeiter des Werkzeugs, in der Fabrik dient er der Maschine. Dort geht von ihm die Bewegung des Arbeitsmittels aus, dessen Bewegung er hier zu folgen hat. In der Manufaktur bilden die Arbeiter Glieder eines lebendigen Mechanismus. In der Fabrik existiert ein toter Mechanismus unabhängig von ihnen, und sie werden ihm als lebendige Anhängsel einverleibt" (Marx 1979: 445). Im Rahmen jedweder Techniknutzung lässt sich dergestalt fragen, ob der Mensch die Technik beherrscht oder von der Technik beherrscht wird. Sind die digitalen Techniken respektive der Computer Arbeitsmittel für die Polizeibeamten oder sind sie Teil der Perspektive „Technik als Herrschaftsinstrument" (vgl. Bausinger 1980: 4). Denn die Arbeit, die über den Computer bewältigt wird, zumal wenn es sich um E-Mail-Kommunikation handelt, wird leichter nachhalt- und kontrollierbar durch die Vorgesetzten. Umgekehrt werden Arbeitsprozesse beschleunigt und auch erleichtert (z. B. Kommunikation und die Verteilung von Informationen). Technik kann dergestalt auch als „Herrschaft der Mittel" (Hubig 1997: 28) verstanden werden und steht dann unter Ideologieverdacht.

In Organisationen erfolgt Technikeinsatz nicht um ihrer selbst willen, sondern hat einen konkreten Zweck, z. B. die schnellere Bearbeitung und Organisation der Arbeit oder bessere, d. h. schnellere Kommunikation. „Die Orientierung von Mitteln auf einen Zweck kann in eine ‚Herrschaft' der Mittel umschlagen, wenn diese Mittel Regelcharakter bekommen" (Hubig 1997: 29).

In diesen Deutungen lassen sich zwei gegenteilige Perspektiven ausweisen. Technik und die Geschichte der Technik sind zum einen die Erzählung „einer steten Entlastungen des Menschen durch Technik. Dieser Entlastungsprozess nahm seinen Anfang mit der Herstellung von Werkzeug als Organersatz und machte bei der Entdeckung der Möglichkeiten der Organüberbietung nicht Halt (Gehlen, Schelsky). Er führte, angefacht durch den Zustrom von Überschussoptionen, zur Annahme von Entscheidungsträgerschaft, fügte sich sodann in die Rolle, als funktionales Äquivalent für soziale Institutionen zu dienen" (Blutner 2015: 124-125). Eine gegenteilige Sicht verweist zum anderen auf ein Unbehagen gegenüber der Technik und dem Umgang mit ihr. Technik kann nicht nur Entscheidungsentlastungen hervorbringen, sondern auch „organisationale und individuelle Handlungsunsicherheit" (ebd. S. 125). Unvorhergesehene Situationen in der Anwendung oder durch den Nutzer nicht nachvollziehbare *Aktionen* der Technik führen zu dem Mythos des Geistes in der Maschine, dem man in der Praxis mitunter mit einem leichten „Klaps" nachhelfen möchte. Technik führt hier dergestalt zu *kontingentem Wissen* und über entsprechende Anpassungsleistungen der Nutzer zu einer Herrschaft der Technik bzw. einer veränderten Entscheidungsträgerschaft.

1.2 Empirisches Material und weiteres Vorgehen

Die nachfolgende Analyse folgt ebenfalls der hermeneutischen Wissenssoziologie. Der Analyse liegen fünf Interviews und acht Feldmemos zugrunde.[34] Die Interviews, die auf Basis eines offenen, d. h.

---

[34] Für die Besonderheiten des Materials und seiner Analyse siehe Kapitel II. Auch hier handelt sich nicht um das ganze Interview- und Feldnotizenmaterial des Projektes, sondern um eine Auswahl.

nur wenig strukturierten Leitfadens durchgeführt wurden, wurden mit der Software MAXQDA kodiert, daran anschließend *Sinnfiguren* gesucht und diese dann erneut an den Text gelegt. Ein solches Vorgehen sucht dergestalt nach der intersubjektiven Bedeutung von Handlungen und will weniger den subjektiv gemeinten Sinn, den Personen mit ihren Aussagen verbinden, erschließen. In dem Aufspüren intersubjektiver Bedeutung von Handlungen liegt dann auch der Anspruch begründet, dass die Ergebnisse nicht nur für *diesen* oder *jenen* Einzelfall bedeutsam und valide sind, sondern eine Validität besitzen, die über das zugrunde gelegte Material hinausreicht. Daher wird zudem deutlich, dass übergeordnete Sinn- bzw. Bedeutungsfiguren nicht allein von einem Subjekt erzeugte Figuren sind, sondern intersubjektiv eruierte und gesellschaftlich etablierte Bedeutungsformationen darstellen, die das Handeln des Einzelnen als einen gesellschaftlichen Teil ausweisen (vgl. allgemein Hitzler/Reichertz/Schröer 1999). Die hier vorgestellte Analyse legt ihren Schwerpunkt, im Anschluss an die Fragestellung des Kapitels, wie sich die Aneignung von und Anpassung an Technik im Rahmen der Polizeiarbeit vollzieht und gestaltet, dergestalt auf eben diesen Punkt. Im Anschluss an die bisherigen Ausführungen sollen zunächst erneut Teile des zu analysierenden empirischen Materials dargestellt und anschließend interpretiert werden. Die Materialdarstellung erfolgt über eine Verdichtung des Materials und dient zum einen dazu, den Leser mit dem Feld vertraut zu machen und der anschließenden Analyse eine gewisse Rahmung zu geben. Die daran anschließende Analyse rekuriert dann auf die Materialdarstellung, obgleich auch ergänzende Interviewpassagen und Feldnotizen herangezogen werden. Ein daran anschließendes Kapitel verdichtet die Ergebnisse der Interpretation, bevor ein kurzer Abschluss die zentralen Motive nochmals zusammenfasst.

2. Materialvorstellung und -analyse

Vor dem Hintergrund der Technikaneignung im Rahmen der Polizeiarbeit ist zunächst zu klären, um welche *Techniken* es denn genau
geht. Bereits das Telefon, das Faxgerät, der Polizeifunk oder der Ko-
pierer stellen technische Artefakte dar, die eine lange Tradition im
Rahmen der polizeilichen Tätigkeit haben. Wenn hier von Technik
die Rede ist, meint dies in erster (aber nicht ausschließlicher) Linie
die neuen, digitalen Techniken und hier sowohl die Hardware (z.B.
Computer, Drucker, Digitalkamera, Smartphone etc.) als auch die
Software (Datenbanken, spezielle Programme, E-Mail-Kommunikation, Inter- und Intranet usw.). Die Bedeutung der neuen Medien und
Techniken wird daran deutlich, dass zu den ersten Arbeitshandlun-
gen der Beamten am Tage das Anschalten des Computers und Abrufen der E-Mails zählt (siehe Kapitel II). Auch der Beamte Herr
Frank fasst das in einem Interview so zusammen: „Was ich mache,
wenn ich komme? Schalte ich meinen PC ein. Das ist das Erste, was
ich mache. Melde mich an und, ja, eigentlich checke ich dann als Erstes meine Mails, die ich habe – oder die ich bekommen habe. Und,
ja. Dann, schaue ich nach, was ich an diesem Tag zu tun habe" (II1:
12-15).
Im Nachfolgenden soll kurz auf die gängigsten Softwareprogramme
eingegangen werden. Anschließend wird das Feld vor dem Hintergrund der Fragestellung durch Feldnotizen und Interviews vorgestellt.

2.1 Digitale und technische Artefakte bei der Polizei

Die zum Einsatz kommenden digitalen und technischen Artefakte [35] bei der Polizei sind vielfältig geworden. Eine kurze – nicht auf Vollständigkeit pochende – Darstellung möchte diesbezüglich einen Einblick geben und zugleich die gängigen Abkürzungen vorstellen. Die zum Einsatz kommenden technischen Artefakte bei der Polizei sind die mittlerweile in allen Büros und Branchen gängigen Apparate. Computer mit Inter- und Intranetzugang und entsprechenden Peripheriegeräten (z.b. Drucker, CD- DVD-Geräte), Digitalkameras oder Mobiltelefone (Diensthandy). Die Standardsoftware wie MSOffice, PDF-Ersteller, Outlook oder der normale Internetbrowser (Firefox, InternetExplorer) gehören ebenso zur allgemeinen Ausstattung. Vereinzelt müssen Bildbearbeitungssoftware oder andere, spezielle Programme genutzt werden. Auch eigene, dienstliche E-Mail-Adressen sind fest eingerichtet. Darüber hinaus wird eine vielfältige Nutzungskompetenz des Internets mit seinen vielfältigen Programmen, Tools und Datenbanken erwartet. Diese reichen von der Chat- oder Forennutzung bis hin zu einem sicheren Bewegen in sozialen Netzwerken zwecks Ermittlungen.

Aufgrund von Einsparungsmöglichkeiten wurden in den diesem Aufsatz zugrundeliegenden Polizeikommissariaten Schreibkräfte aufgelöst, so dass – wenn die Beamten nicht selbst Protokolle abtippen möchten – immer öfter eine Spracherkennungssoftware (Dragon Natural Speaker) zum Einsatz kommt. Darüber hinaus gibt es die unterschiedlichen und mitunter speziell auf die Polizei zugeschnittenen Programme. Ein wichtiges und immer wiederkehrendes Softwareprogramm ist das sog. IGVP, ein Softwaresystem zur Vorgangsbearbeitung, das unter anderem in NRW genutzt wird. Weiterhin gibt es

---

[35] Mit digitalen Artefakten sind hier die Software und die damit verwalteten Daten gemeint, während unter technischen Artefakten die Hardware verstanden wird.

das POLizeiAuskunftsSystem (POLAS), das als Fahndungssoftware genutzt wird. Eine weitere Ermittlungssoftware ist das sog. rsCASE. Mit diesem kann die gesamte Sachlage eines Falles erfasst werden und Informationen selbstständig verknüpft werden. Darüber hinaus bietet es eine Reihe von Schnittstellen zu anderen Behörden oder auch nach „außen", so dass es vielfältig einsetz- und erweiterbar ist. Eine weitere Polizei-Software ist das Programm FINDUS, ein System, das der strukturierten Aufnahme und Speicherung von Straftaten und Ereignissen dient.

2.2 Feldnotizen und Interviews

Zusammen mit Herrn Schnitzler, einem Polizeibeamten in leitender Funktion, vereinbart der Feldforscher nach der Frühstücksrunde im Kommissariat einen Termin um neun Uhr bei dem Leiter des IT-Dienstes, Herrn Boski. Herr Schnitzler bemerkt vorweg, Herr Boski könne manchmal etwas „bollerig" sein. Er solle einfach bei ihm vor - beikommen, dann würde er ihn zu Herrn Boski führen. Der Feldfor- scher setzt mich ins Besprechungszimmer und vervollständige seine Notizen vom Vortag. Um kurz vor neun geht er ins Büro von Herrn Schnitzler und man geht gemeinsam zu Herrn Boski. Er begleitet den Forscher bis kurz vor das Büro von Herrn Boski und verab- schiedet sich dann. Beim Betreten des Büros sitzt Herr Boski ge- meinsam mit einem Mitarbeiter in seinem Büro. Der Feldforscher wird herzlich begrüßt und die beiden verhalten sich von vornherein sehr kooperativ und auskunftsfreudig. Auf die erste Frage, wie die Etablierung neuer Medien innerhalb der Polizei vorangeschritten sei in den letzten Jahren, antworten Herr Borski und der Mitarbeiter sehr ausführlich. 1990 habe man mit der IT-Vernetzung innerhalb der Polizeipräsidien begonnen. Erst rund zehn Jahre später seien die einzelnen Netzwerke auf Landesebene zusammengeführt worden. Die bis dahin je nach Präsidium unterschiedlichen E-Mail-Adressen für die Polizeibeamten wurden 2003 landesweit vereinheitlicht in „vorname.nachname@polizei.nrw.de". Seit 2006 gebe es in Nordrhein-Westfalen das Vorgangsbearbeitungssystem IGVP. Die Akzeptanz der neuen Medien sei bei den Beamten sehr hoch. Insbesondere in den Bereichen Massenkriminalität, Ladendiebstähle und Verkehrsdelikte werden die Datenbanken und die standardisierten Eingabemasken als hilfreich empfunden. Auch beim Management von Großveranstaltungen wie Demonstrationen oder anderen Großeinsätzen (wie bei Flugzeugabstürzen) werden die neuen Medien positiv aufgenommen und intensiv genutzt. Hier würden sie auch eine Menge Personal sparen. Allerdings würden die neuen Medien auch neue Anforderungen für die Beamten stellen: Vor allem die Kompetenz der Versendung, Weiterleitung und Nutzung von Informationen müsse von manchen Beamten noch gelernt werden. Die Informationsflut durch Rundmails, über die sich im K1 schon einige Beamte beschwert haben, sei aber aus Sicht von Herrn Boski und seinem Kollegen ein „Übergangsphänomen", das sich mit zunehmender Medienkompetenz bei den Beamten verflüchtigen werde. Es sei geplant, dass das Netzwerk der Polizei in das komplette IT-Netzwerk des Landes Nordrhein-Westfalen integriert werde. Das würde den Datenaustausch zwischen den einzelnen Landesbehörden erleichtern und die Entwicklung von Software vor weniger Probleme stellen. Allerdings berge das auch die Gefahr, dass die Polizei abhängig von der Funktionstüchtigkeit eines fremden Netzwerks abhängig sei. Gerade aber wenn Leitungen zusammenbrechen, sei die Polizei in ihrer Handlungsfähigkeit gefragt. Sie müsse sich auf neue Situationen einstellen können („Bei uns ist jeder Tag anders, jeder Fall anders") und benötige deswegen eine gewisse Autarkie. Man habe aus Fehlern gelernt und z.B. für Notlagen die 110 als priorisierte Rufnummer bei den Mobilfunkbetreibern einrichten lassen, damit auch bei einer Überlastung der Netze die Erreichbarkeit und Handlungsfähigkeit der Polizei gewährleistet sei. Außerdem sei es als ein Partner in einem Netzwerkverbund ungleich schwieriger, die Systeme schnell und passgenau an eintretende Veränderungen anpassen zu können. Aber trotz des zunehmenden Einsatzes von neuen Medien in der täglichen Polizeiarbeit bleibe die „Fähigkeit des einzelnen Beamten auf der Straße", meint Herr Boski. Die Hauptaufgabe der vergangenen Jahre sei es gewesen, den „Flickenteppich" an verschiedenen Einzel-IT-Lösungen in den Präsidien aufzulösen und kompatibel zu machen. Weiterhin wurden viele Ressourcen eingesetzt, um die Programme so anzupassen, dass die unterschiedlichen und sich wandelnden Anforderungen, die innerhalb der Polizei an solche Programme gestellt werden, erfüllt werden können. Das sei auch der Hauptgrund, weswegen so viele Programme nebeneinander existierten: Ein Programm, das zur Bearbeitung eines Mordfalls diene, müsse anderen Anforderungen gerecht werden als eines, das zur Bearbeitung von Verkehrsdelikten verwendet wird (vgl. MH6: 3-55).

In einem späteren Gespräch beim Abwasch nach einer kurzen Pause im Besprechungszimmer erklärt Herr Reno dem Feldforscher, dass sich durch die Nutzung dieser sozialen Netzwerke wie *wer-kennt-wen* die Recherchemöglichkeiten erheblich erweitert hätten, insbesondere für Beschuldigte, die noch nicht polizeilich erfasst wurden und zu denen kein Foto-Eintrag im IGVP existiert (bzw. auch bei polizeilich erfassten Personen, bei denen aber entweder kein Foto oder aktuelles Bild vorliegt). Auch gewinne man darüber einen guten Einblick in den Freundes- und Bekanntenkreis, was gerade bei Tötungsdelikten, die häufig Beziehungstaten seien, sehr hilfreich bei der Ermittlungsarbeit sein könne. Außerdem könne man anhand der Chat-Beiträge und deren miterfasster Uhrzeit und – über die Betreiber abrufbare – IP-Adresse Alibis nachprüfen, so dass die Aussagen der Beschuldigten überprüft und Widersprüche aufgedeckt werden können. Andererseits entstehe durch das Aufspüren dieser zusätzlichen „virtuellen Spuren" ein enormer zusätzlicher Recherche aufwand, weil man diesen Spuren ja dann auch nachgehen müsse. Das ziehe also einen „Rattenschwanz" an Ermittlungsarbeit nach sich, da der Umfang der auszuwertenden Informationen und Kommunikationen sehr schnell sehr groß werden könne (vgl. MH6: 138ff.).

Das Arbeiten mit und an dem Computer hat aber auch eine Form der eigenen Arbeitsüberwachung mit sich gebracht. Der Beamte Herr Frank stellt dies in einem Interview so dar:

„I: Wenn Sie Ermittlungen jetzt anstellen, kann irgendjemand anders jetzt überprüfen, wie Sie ermittelt haben?

Herr Frank: Ja.

I: Tatsächlich? Mhm...

Herr Frank: Also, sagen wir, meine ... da muss sich ja, muss sich ja jeder drüber klar sein: Alle Schritte, die man im Internet oder im Dienstrechner unternimmt, werden irgendwie mitgeschrieben. Und wenn ich jetzt, sagen wir mal, irgendwie Ermittlungen führe, die – zu der ich nie – zu denen ich nicht berechtigt wäre – ich überprüfe meine Freundin oder meine Nachbarn oder so – und ich werde angezeigt, weil ich halt irgendwelche, ähm, Datenmissbrauch begangen habe; dann ist es sicherlich möglich, äh, dass man nachvollziehen kann, ob ich, sagen wir mal, spezielle Überprüfungen jetzt meines Nachbars durchgeführt habe, obwohl ich da keine Ermächtigung zu hatte, keine Strafanzeige vorliegen hatte oder nicht [???]. Das ist sicher möglich, ja.

I: Mhm. Ist das schon mal vorgekommen? Ist Ihnen da was bekannt?

Herr Frank: Ähm, ja, es ist schon mal vorgekommen, dass, ähm – dass solche Ermittlungen geführt wurden. Ja.

I: Mhm. Also gegen, gegen Beamte?

Herr Frank: Gegen Beamte, ja." (II1: 88-106)

Die Software IGVP wird nicht von allen Polizeibeamten gerne benutzt. So findet „Herr Grün es als umständlich und nervenraubend, wie er erzählt, dass man sich im IGVP erst durch zahlreiche Menüoptionen und Eingabemasken durchklicken müsse, um zu dem gewünschten Formular zu gelangen. Deswegen hat er sich selbst für die Formulare, die er am meisten nutzt, eigene Vorlagen in Word erstellt, auf die er direkt zugreifen könne. Während er davon erzählt, erinnere ich mich an die Worte von Herrn Boski aus dem gestrigen Gespräch, der erklärte, dass bei der Gestaltung einer Intranetanwendung für eine sehr ausdifferenzierte Organisation, wie die Polizei eine darstelle, die Hauptschwierigkeit darin liege, ein einheitliches System für sehr unterschiedliche Nutzergruppen innerhalb der Polizei bereitzustellen, die alle einen sehr unterschiedlichen Formularbedarf haben" (MH7: 33-42). Was Herr Grün ebenfalls als ein gravierendes Problem des IGVPs ansieht, seien die gelegentlichen Systemabstürze, nach denen im schlimmsten Fall die Verschriftlichung einer ganzen Vernehmung einfach weg sei. Auch während der Wartungsarbeiten des Systems bestünden temporär keine Zugriffsmöglichkeiten, was dann besonders schlecht sei, wenn man sich mithilfe der im IGVP (und nur dort) hinterlegten Daten auf eine Vernehmung vorbereiten wolle, die in einer halben Stunde anliege. Ein weiteres Manko läge darin, dass im IGVP einige Daten nach einer gewissen Zeit wieder gelöscht würden. Deswegen habe er sich ein eigenes Tagebuch angelegt, in dem er den Eingang und die Abverfügung sämtlicher Akten, die er bearbeitet, handschriftlich vermerkt, die von ihm an die Staatsanwaltschaft geschickt werden (mit polizeilichem Aktenzeichen, Datum und Namen der Beschuldigten).

Zu einem späteren Zeitpunkt zeigt Herr Schnitzler dem Forscher in seinem Büro noch ein paar Funktionen des Intranets und erzählt über die Auswirkung neuer Medien auf seine Arbeit. Zwar begrüße er den Informationsfluss, der sich durch neue Medien ergeben habe, weist im gleichen Atemzug aber darauf hin, dass dies auch zum Teil zu einem Informations*überfluss* geführt habe. Interessant sei auch, dass sich die Funktionen bisher eingesetzter Medien durch den Einsatz, Zusatz oder Ersatz durch neue Medien wandeln würden. Beispielsweise war das Fax früher durchaus ein Gerät mit Sofortcharakter. Faxe kamen auch als Eilsachen. Man bekam die Zustellung eines Fax bereits durch das Geräusch des Geräts mit. Heute, wo die Faxe als E-Mails mit PDF-Anhang „still und leise" im E-Mailpostfach landen, sei dieser Sofortcharakter verloren gegangen. Während einer Besprechung oder eines Außendiensttermins der beiden Leiter Schnitzler und Reno werden die E-Mails von niemandem gelesen und bleiben liegen. Er habe deswegen seine Mitarbeiter angewiesen, nach dem Versand eines Fax auch beim Empfänger anzurufen und bestätigen zu lassen, dass es angekommen und zur Kenntnis genommen worden sei. Ebenso wie Herr Grün weist Herr Schnitzler darauf hin, dass die Daten im IGVP nach einer gewissen Zeit gelöscht werden. Wolle man auf die im IGVP gelöschten Daten zugreifen, müsse man die archivierte Akte (in Papierform) anfordern (vgl. MH7: 128-144).

Zu einem anderen Zeitpunkt unterhält sich der Feldforscher im Besprechungsraum mit Herrn Schupp über Datenschutz und rechtliche Probleme bei Ermittlungen. Dieser erzählt, dass die Datenbanken und die Abfragesysteme für die Datenbanken in der Einarbeitung z.T. sehr aufwändig seien, weswegen er nicht alle Datenbanken nutzen würde, die zur Verfügung stehen. Einige Datenbanken verkämen zum Selbstzweck und er fügte im teils kritischen, teils ironischen Unterton hinzu, dass die Mordkommissionen zum „Spielplatz von Rechnern mutieren würden" (vgl. MH8 151-157). In diesem Zusammenhang passen auch die Äußerungen des Beamten Spieß, die er in einem Gespräch mit dem Feldforscher machte. Er erzählte, dass es häufiger vorkomme, dass innerhalb des Kommissariats eine Neuzuordnung der Aufgabenverteilung stattfände, man in ein anderes Kommissariat versetzt oder in eine Sonderkommission gesteckt werde, auf jeden Fall unvermittelt mit neuen Aufgabenfeldern und neuer Software konfrontiert sei, der Lehrgang für das dafür erforderliche Wissen und die erforderlichen (Programm-)Kenntnisse jedoch erst ein halbes Jahr später angeboten würde. Als Beispiel führt er den Kollegen Wolfram an, der für die Ermittlungskommission abgeordnet wurde, um dort die Telefonüberwachung zu machen, ohne dass er vorher eine Schulung für das dafür nötige und recht komplexe Programm rsCASE hätte machen können. Somit hätte sich Herr Wolfram die Grundkenntnisse selbst aneignen müssen.

Natürlich werden auch Schulungen angeboten, darauf weist Herr Tenner in einem Interview hin:

„I: Und wie lernen Sie dieses Programm?

B: Durch Schulungen.

I: Mhm. Also da sind Sie dann – was weiß ich, drei Tage irgendwo oder'n Tag oder'n halben oder wie auch immer.

B: Joa, wir haben zum Beispiel, bei IGVP war ne Schulung, da haben wir auch dieses FINUS-Programm. Das is'n polizeiinternes Programm, da bin ich zwei Tage, glaube ich, geschult worden in Case – das kann sogar sein, dass ich in Case geschult worden bin? Weiß ich jetzt gar nicht. Nee, glaub' ich nicht. Weil – warten Sie ma', Case, doch da bin ich geschult worden. Das is' aber drei oder vier Jahre her. Da weiß ich so gut wie nichts mehr von. Weil ich damit noch nicht gearbeitet hatte.

I: Ist das zum Teil auch Learning-by-Doing, oder?

B: Wenn man damit arbeitet, ja. Ist ja klar, ja? Denn Sie werden geschult und wenn man dann – konkret in Arbeit, dann muss man immer so'n bisschen ausprobieren" (II2: 1154-1166).

In einem anderen Interview berichtet Herr Fiedler einige Aspekte hinsichtlich der Nutzungsaneignung von Software:

„B: Und in diesem System bin ich nie eingewiesen worden. Da frag ich jedes Mal wieder neu um Hilfe, weil ich das [...] FINDUS glaub ich. FINDUS, ja. Es gibt zwar Ansprechpartner, Multiplikatoren, die spricht man dann jedes Mal immer wieder an, aber ich hab keine Einweisung bekommen. Und alle paar Monate oder alle paar Wochen muss ich mal son Ding absetzen und dann ist das wieder weg. Interessant ist mit diesem IGVP, als das neu eingeführt wurde, war ich gerade Trainer, was ich vorhin sagte. Davor haben wir noch anders gearbeitet. Da diente der Computer hauptsächlich als Schreibmaschine. Erst als dieses System eingeführt wurde, was gut ist, man braucht niemals doppelt und dreifach schreiben, weil wir einmal die Personalien drin haben, ja, und bestimmte Ansätze. Als das neu kam, wurde ich, die Fortbildungsstelle musste einen Multiplikator stellen, obwohl die Fortbildungsstelle mit IGVP gar nichts zu tun hat, sondern nur die Sachbearbeiter. Und dann durfte ich zur Schulung, um später andere Kollegen zu schulen. Gott sei Dank waren richtige Fachkräfte dabei, aber es hat mir erstmal geholfen, dass ich schon mal was von diesem System mitbekam. Und ich konnte immer die rauchenden Köpfe sehen von den Sachbearbeitern, die wir dann hier intern geschult haben, auf so ner Schulungsplattform, ich blieb dann noch zwei Jahre oder so, oder drei Jahre in der Fortbildungsstelle und kam dann hinterher hier wieder hin, musste selbst mit dem System arbeiten, was ich damals selbst vermittelt habe, geschult habe und musste dann selbst wieder fragen, weil auch wieder Neuerungen kamen, wie geht das denn jetzt wieder. Also man kriegt ne Schulung und es wird aber verwiesen ‚Du bist doch eingewiesen worden, du musst das doch können'.

I: Da heißt, Sie sprechen von Neuerungen, das Computersystem wird also regelmäßig oder in Abständen dann aktualisiert und Sie werden aber nicht auf die Aktualisierung unbedingt geschult, sondern müssen sich selber damit zurande finden...

B: Ja, es wird irgendwie mitgeteilt. Oder durch Multiplikatoren, einige wenige machen da vielleicht ne Schulung mit und die geben das dann wieder. Wir werden jetzt wieder demnächst eine Neuerung haben, da waren zwei von uns zur Schulung entsprechend, ist aber schon wieder verschoben. Die waren zur Schulung, das, die Neuerung ist wieder verschoben worden, erstmal auf April, das sollte schon Anfang des Jahres kommen, müssen wir mal abwarten, was sich da tut. Weil dieses System, IGVP, auch wieder in Verbindung steht mit diesem System, was, wo die Statistik drin bearbeitet wird, was zum LKA geht" (IG4: Z. 663-700).

Zurück zum Beamten Spieß. Dieser kam auf die Software IGVP zu sprechen. Da IGVP doch die eine oder andere Macke hätte und immer wieder Fragen und Komplikationen bezüglich bestimmter Menüpunkte auftauchen würden, würde sich Herr Spieß wünschen, dass es ein Blackboard gäbe, wo man solche problembezogenen Fragen einstellen könnte. Für das Programm rsCASE existiere bereits ein solches Blackboard, auf dem man Ideen, Anregungen und Fragen zum Programm loswerden könne. Er beklagte zudem, dass die Konzeption des IGVP an manchen Stellen nicht besonders endnutzerfreundlich sei, weil kaum Endnutzer an der Konzeption beteiligt seien und auch kein praktikables Feedbacksystem eingerichtet sei, mit dessen Hilfe die Fehler, die bei den Endnutzern auftauchen zur Programmierebene zurückgespiegelt werden könnten. Mit IGVP ist es inzwischen auch möglich, direkt den Vorgang in die Polizeiliche Kriminalstatistik (PKS-Online) einzuspeisen. Wenn in einem Vorgang Unstimmigkeiten oder Lücken bei bestimmten Angaben vorkommen, z.B. weil der Kollege in der K-Wache bei der Fallerfassung und Anzeigenaufnahme etwas vergessen hat abzufragen, käme es zu Fehlermeldungen, die in eine Fehlerstatistik fließen. Diese Fehler - listen würden dann von den MK-Leitern bearbeitet. Die würden ja auch die abverfügten Vorgänge stichprobenartig entsprechend ei - ner vorgegebenen Quote kontrollieren (vgl. MH12: 20-44).

3. Interpretative Verdichtung

Die Besonderheiten der Anpassung an die Technik liegen auch darin begründet, dass der Umgang mit dem Computer und dem Smartphone, das E-Mail-Schreiben, die Informationsbeschaffung über das Internet und die Nutzung allgemeiner Software (z.B. MS-Office Paket, die Installation von Treibern, Grafikprogrammen) mittlerweile als Grundfähigkeiten im privaten und beruflichen Alltag vorausgesetzt werden. Die adäquate Nutzung dieser Technik wird als eine neue, vierte Kulturtechnik – neben den klassischen Kulturtechniken wie Lesen, Schreiben und elementarem Rechnen – mehr oder weniger vorausgesetzt. Die grundsätzliche Schrift-, Bild- und Zahlbeherrschung wird im täglichen Umgang kaum noch thematisiert.[36] Man unterstellt, dass die Menschen, mit denen man im Alltag und beruflich zu tun hat, diese Techniken in einem *normalen* Maße beherrschen. Gleiches wird zunehmend auch bei der Benutzung digitaler Medien unterstellt. Heutzutage zielt die Frage „Haben Sie eine E-Mail-Adresse?" kaum noch darauf, ob eine E-Mail-Adresse vorhanden ist, sondern impliziert eine selbstverständlich vorhandene Adresse, die man mit dieser Frage nur erfragen möchte. Die Frage meint also mehr „Wie lautet Ihre E-Mail-Adresse?" und weniger, ob man denn tatsächlich eine besitzt.

Der Einsatz der Technik im Rahmen des polizeilichen Handelns besitzt nun unterschiedliche, wenn auch zusammenhängende Dimensionen. Die neuen Medien sind Teil des Arbeitsalltages geworden. Zum einen werden strukturelle Arbeiten per Software bearbeitet und abgewickelt (z.B. Datenbanken). Die Hinwendung zur Technik ist dergestalt auch der „normalen" Technisierung des Büroalltages geschuldet. Akten werden auch digital geführt, Sprachsoftware

---

[36] Sie wird nur dort zum Thema, wo besondere Fähigkeiten, z. B. in der Rechtschreibung (beispielsweise als Lektor oder Texter), eingefordert werden.

nimmt Vernehmungen auf, sprachliche Hinweise werden per Spracherkennungssoftware „Dragon Naturally Speaking" direkt ver- schriftlicht oder per digitalem Diktiergerät aufgenommen und spä- ter transkribiert. Die Kommunikation läuft zu einem nicht unerhebli- chen Teil per E-Mail. Diese Nutzung von technischen Geräten lässt sich als Binnennutzung beschreiben, die sich durch die Einführung dieser Techniken im Büroalltag aufdrängen. Sie soll (im besten Fall) die Arbeit erleichtern, transparenter und schneller machen.

Davon abzugrenzen ist eine Außenperspektive. Das gesellschaftliche Handeln, und damit auch das Handeln von Tätern, spielt sich immer mehr auch *durch* und *über* technische Artefakte ab. Die Menschen des Alltags nutzen immer mehr Computer und das Internet. Und aus diesem Grund ist die Polizeiarbeit gleichwohl gezwungen, sich die- sen Techniken und ihrer Nutzung zuzuwenden. Verdächtige kommunizieren per E-Mails, hinterlassen Spuren in Foren, sozialen Netzwerken und sprechen sich in Chats ab. Um diesen Hinweisen auf die Spur zu kommen, müssen die Beamten sich selbst auch die- sen Techniken und Verwendungen zuwenden. Sie müssen dergestalt z.B. soziale Netzwerke durchforsten oder können z. B. Jugendliche per Mail ansprechen, um mit ihnen in Kontakt zu treten. Darüber hi- naus hinterlassen immer mehr Menschen vielfältige Spuren im Netz, aus denen sich Profile erstellen lassen, die Auskunft über Wohnort, Interessen oder andere Aktivitäten liefern, die z.B. bei einer Befra- gung hilfreich sein können.

Fasst man diesen Punkt zusammen, lässt sich sagen: Der gesell- schaftliche Wandel, der u.a. durch eine extensive digitale Nutzung gekennzeichnet ist, d.h. die Stellung der Technik im Alltag der Men- schen, nötigt die Polizei – will sie wesentliche Teile der Gesellschaft nicht aus dem Blick verlieren – dazu, sich mit diesen Formen der Kommunikation und des Handelns von Menschen auseinanderzuset- zen. Die Polizei muss den Bürgern in die digitale Welt folgen. Wenn man konstatiert, dass die Nutzung solcher Techniken (Computer und die Anwendung des Internets) zu einer Kulturtechnik geworden ist, dann muss sich dieser Wandel auch im Rahmen des polizeilichen Handelns abbilden. Und das tut er zunächst dadurch, dass Polizei selbst intern – also im Rahmen des Büroalltags – und extern in der Darstellung nach außen die digitalen Medien nutzt und selbst auf das blickt, was sich durch Medien und in den Medien abspielt.

3.1 Rechenknecht – Knecht der Rechner

Ohne an dieser Stelle auf den geschichtlichen Verlauf des Computers und seinen Einzug in den Alltag der Menschen näher einzugehen, lässt sich festhalten, dass er sich mit dem Aufkommen der *Personal Computer* (PC) im Verlauf der 1980er Jahren als fester Bestandteil in den Büroalltag der Menschen zunehmend etablierte. Dieser Prozess verlief bis in die 1990er Jahre hinein. Und mit der immer besser werdenden Vernetzung von Rechnern im Verlauf der 1990er Jahre war und ist der Computer heute als Standardinstrument im Büro und zunehmend auch unabhängig vom Büro (Laptop, Smartphone) nicht mehr wegzudenken. Zu Beginn dieses Prozesses lag der Fokus für den Einsatz des Computers im Büroalltag – und damit ist kein *spezieller* Büroalltag einer Branche gemeint – in dem Verwalten von Daten. Der Computer als „Rechenknecht" war eine gängige Metaphorik. Und diese Metapher macht deutlich, was für eine Stellung der Computer im Arbeitsalltag hatte. Er war ein „Sklave" für das Rechnen, ein Instrument der Ordnung und Automat, der Daten verwaltete. Was früher in Akten und Karteikästen schlummerte, wurde in den Computer übertragen, der als *perfekter Untertan* (vgl. Ortmann 1984: 108) die Daten aufnahm, sortierte und ablegte. Der Mensch, vordergründig befreit von automatischem Handeln, hatte scheinbar den Blick und die Hände frei für essentiellere Arbeiten.

Ortmann hat bereits 1984 in seiner Analyse von Personalinformationssystemen verdeutlicht, dass solche Systeme auch eine Architektur der Disziplin beinhalten. Mit Rückgriff auf Foucault und dessen Bild von dem Prozess der Fremd- zur Selbstführung legt er die in der Maschine „Computer" und seiner Software inhärente Zwangsbindung zutage. Während es beim traditionellen Bild des *Fließbandes* noch offenkundig war – der Mensch war ort- und zeitgebunden – scheint es beim Computer anders zu sein. Die Bindung ist „unsichtbar, unkörperlich" (Ortmann 1984: 115), aber mit einer Koppelung versehen, die den Menschen, einem Gummiband gleich, immer wieder zurück zum Computer (wobei hier auch zugleich die Software gemeint ist) zieht und ihm seine *Taktung* aufzwingt. Das verdeutlicht sich zunächst beim Arbeitsbeginn der Polizeibeamten. Die Interviewten berichteten einhellig davon, dass ihr erster Gang am Morgen zum Computer und dem anschließenden Abrufen der E-Mails sei. Aber mehr noch zwingt die Computerarbeit und Kommunikation über ihn dazu, sich ihm fortlaufend zuzuwenden. Der Polizeibeamte Herr Dräger beschreibt diesen Umgang mit Rahmen seiner E-Mail-Kommunikation: „Also ich – bei mir hat sich das so eingebürgert, dass ich eigentlich die E-Mails sofort beantworte. Weil ansonsten – die Masse, die erschlägt einen. Man kann sich nich' abends hinsetzen und 30, 40 E-Mails beantworten. Sondern wenn die reinkommen, werden die von mir sofort beantwortet.

[Interviewer:] Also Sie haben immer an und wenn Sie das Piepen hören, also Sie haben auch 'n akustisches Signal und das...?

[Herr Dräger:] Ja. Und das kommt dann direkt auch auf 'n Bildschirm, ganz klein. Das kann ich anklicken, dann seh' ich sofort, wer es is'. Ansonsten ich gucke jede viertel Stunde normalerweise drauf" (IJ1: 1553-1561).

Der Computer ist hier kein Rechenknecht mehr, sondern ein Taktgeber, der Herrn Dräger in der Taktung von 15 Minuten immer wieder

an den Computer zurückbringt. Der Beamte wird zeitlich und räumlich wie an einem Gummiband immer wieder zu ihm zurückgezogen.
Mit dem weiteren Voranschreiten und der Etablierung der technischen Ausstattung bei der Polizei löst sich zumindest die räumliche
Komponente insofern aus, als Smartphones – welche man immer bei
sich trägt – heute z. B. E-Mails abrufen können. Die räumliche Auflö-
sung geht allerdings mit einer zeitlichen Extensivierung einher. Man
ruft nicht mehr in einem gewissen Zeittakt seine E-Mails ab, sondern
diese werden fortlaufend auf Eingang geprüft. Der Beamte Herr
Schnitzler sieht diesen Sofortcharakter bereits im Faxgerät vorliegen, das zudem durch sein Produktionsgeräusch auf sich aufmerksam machte, während E-Mails eher still in das digitale Postfach
kämen. Das wiederum widerspricht der *Zwangsbindung* an den
Computer nicht, sondern verdeutlicht nur, dass es ähnliche Handlungspraktiken bereits durch andere technische Artefakte (hier das
Faxgerät) gab (man denke z.B. auch an einen früheren Telefon-
dienst). Zugleich weist es darauf hin, dass der Umgang mit dem
Computer immer noch von Beamten zu Beamten unterschiedlich ist.
Im Arbeitsalltag ist das Faxgerät allerdings vom Computer abgelöst
worden. Der Beamte Herr Tenner weist in einem Interview darauf
hin:

„Mittlerweile spielt das Internet ne riesen Rolle, ja? Sieht man an
meinem ganzen Fax- und Schriftverkehr – fast nur noch über E-Mail-
Verkehr, ja? Wobei wir ja auch unsere Faxe versenden können über
E-Mail-Konto, ja? So virtuelle Faxe, das is' auch'n Vorteil. Insofern ist
das alles relativ einfach geworden, ja. [...] Früher – ich musste früher
nen Papier auf Fax schreiben, das Blatt Papier in's Faxgerät einlegen
und dann losschicken. Das brauch' ich ja heute nicht mehr, ich geh'
in mein Outlook und schick' nen Fax los über Outlook, ja?" (II2: 89-
97).

Der beschriebene Aspekt der zeitlich regelmäßigen Hinwendung zum Computer zwecks E-Mail-Abrufes klärt zugleich die Stellung des Computers im Arbeitsalltag. Er ist nicht nur Instrument und Werkzeug, ein Rechenknecht, sondern (und er war dies immer schon) ein Überwachungs- und Herrschaftsinstrument. Das macht der Beamte Herr Frank – wie in der oberen Darstellung bereits erwähnt – deutlich, indem er bestätigt, dass falsche Einträge im Rahmen einer Ermittlung oder die nicht angezeigte Abfrage von Daten z. B. einer Nachbarin, eines Bekannten etc. nachführbar sind. Er betont: Jeder muss sich „darüber klar sein: Alle Schritte, die man im Internet oder im Dienstrechner unternimmt, werden irgendwie mitgeschrieben. Und wenn ich jetzt, sagen wir mal, irgendwie Ermittlungen führe, die – zu der ich nie – zu denen ich nicht berechtigt wäre – ich überprüfe meine Freundin oder meine Nachbarn oder so – und ich werde angezeigt, weil ich halt irgendwelche, ähm, Datenmissbrauch begangen habe" (II1: 93-98). Das ist auch der Grund, warum Herr Frank dienstliche und private Mails deutlich voneinander trennt. Denn „meine Freunde oder Bekannte schreiben mir nicht an meine dienstliche Outlook-Adresse" (II1: 68-69). Die Überwachungspraktiken, die die Polizei für kriminelles Handeln im digitalen Raum ausbilden muss, treffen auch sie selbst, indem auch ihre digitalen Spuren festgehalten und nachgeführt werden können. Das Arbeiten am Computer macht das eigene Arbeiten transparent und zwar in einem Maße, welches der Einzelne – aufgrund der Vernetzung der Computer und der erreichten Komplexität des gesamten Systems – so gut wie nicht mehr überblicken kann.

3.2 Das Alter und die Techniknutzung – Abhängigkeit von Technik

Die Nutzung der Technik im Rahmen der Polizeiarbeit ist auch vom Alter der Beamten abhängig. Herr Frank betont, dass er aufgrund seines Alters noch das vordigitale Zeitalter erlebt hat, und zeigt zugleich die praktischen Veränderungen dieses Technikbruches, die Veralltäglichung der Computerarbeit an.

„B: Also … jetzt bin ich 34 Jahre lang Polizeibeamter und ich hab' angefangen mit einer mechanischen Schreibmaschine.
I: Das wollte ich gerade fragen [...].
B: Und wenn ich die Entwicklung sehe, stockt mir natürlich mitunter der Atem.
I: O.K.
B: Ich bin auch nicht einer, der, sagen wa ma', mit der Muttermilch die PC-Bedienung eingeflößt bekommen hat, sondern wurde da quasi, im Laufe meiner – meines polizeilichen Werdegangs einfach gezwungen, mich mit dem – mit dem PC auseinanderzusetzen und mit seiner Bedienung. Und sagen wir, junge Leute haben es sicherlich einfacher. Die empfinden das auch als total klasse. Wir kommen heute auch gar nicht mehr ohne den PC aus, aber wir sind auch komplett abhängig von diesem Ding. Und früher waren die Ermittlungen, sagen wir mal, ja, vom Verhältnis 50-50. Man hat 50 Prozent seiner Arbeitskraft an der Schreibmaschine gesessen und hat irgendwelches wirre Zeug da auf Papier gebracht. Und die anderen 50 Prozent seiner Arbeitszeit hat man mit Ermittlungen vor Ort verbracht. Heute würde ich sagen, sind 90 Prozent der Ermittlungen vom Schreibtisch aus. [...]
B: Und nur 10 Prozent sind noch Außenermittlung.
I: Ja" (II1: 985-1005).

Als Herr Frank seine polizeiliche Arbeit begann, arbeitete er noch mit der Schreibmaschine. Blickt er auf die technische Entwicklung in seiner Laufbahn zurück, stockt ihm der Atem. Er weist sich selbst als jemanden aus, der die PC-Bedienung erst in seiner beruflichen Laufbahn erlernte. Und er grenzt seine jungen KollegInnen von sich ab, indem er sie als technikaffin beschreibt. Die jungen PolizeibeamtInnen lassen sich als *digital natives* bezeichnen. Damit ist jene Generation gemeint, die eine Zeit vor den technisch-digitalen Medien aus unmittelbarem Erleben nicht mehr kennen. Sie sind qua Geburt eingelassen in eine Umwelt – der Beamte Frank spricht von der Muttermilch, mit der die Jungen die Technik und ihre Nutzung erhalten haben –, die digitale Technik als Alltagstechnik kennt. Daraus folgt zwar nicht automatisch, dass ihr Umgang mit den digitalen Medien ein generell anderer ist. Aber ihr Umgang mit digitalen Medien ist häufig unbefangener und selbstverständlicher, da sie mit diesen von Kindesbeinen groß geworden sind.

Herr Frank spricht in diesem Zusammenhang vom Computer auch als „Ding". Die Bezeichnung „Ding" weist auf eine gewisse Unbestimmtheit und Unwissenheit über das Bezeichnende hin. Ein Ding besitzt Eigenschaften (unterstellte wie tatsächliche), die man selbst nicht gänzlich erfasst. Herr Frank spricht insgesamt von der „totalen Abhängigkeit von dem Ding" und unterstreicht damit eine doppelte Problematik. Er ist 1. abhängig – das allein ist in der Regel kein wünschenswerter Zustand – von etwas, das er 2. selbst nicht gänzlich durchdringt. Und das fehlende Verständnis für dieses Ding bei gleichzeitiger Abhängigkeit von ihm führt, so lässt sich schlussfolgern, zu einer negativen oder zumindest mit Ressentiments versehenen Bewertung des Dinges, vielleicht sogar zu einer gewissen Angst davor. Und er selbst spricht sogleich davon, dass er gezwungen war im Laufe seiner Polizeilaufbahn, sich die Fähigkeiten am Computer anzueignen. Der Computer ist dergestalt für ihn auch Sinnbild für ein Ding, das seine Freiheit einschränkt und eine gewisse Macht über ihn hat.

Das Verhältnis zwischen früheren und heutigen technischen Gegebenheiten und dem damit zusammenhängenden Verhältnis zwischen alten und jungen Beamten spiegelt sich auch in der unmittelbaren polizeilichen Praxis wider. Früher lag – so Herr Frank – das Verhältnis zwischen Schreib- und Außenarbeit bei einer hälftigen Aufteilung. Mit dem Hinweis bzw. der Ergänzung „wirres Zeug auf Papier gebracht" macht Herr Frank zudem deutlich, was er von den Schreibarbeiten hält: Sie sind letztlich eine lästige Begleiterscheinung der wirklichen Polizeiarbeit, die sich für den Beamten Frank in der klassischen Ermittlung vor Ort ausdrückt. Der Wandel in der Arbeit ist für Herrn Frank enorm, er sieht nunmehr ein Verhältnis von 90% Computerarbeit zu 10% Außenarbeit. Das ist nahezu eine Umkehrung des alten Bildes der Polizeiarbeit. Zugleich verweist es auf zweierlei: Das Mehr an Computerarbeit kann durch eine zunehmende Dokumentations- und Verwaltungspflicht verursacht sein. Zugleich deutet es auf die vielfältige Einsetzbarkeit des Computers und die allgemeine Technisierung der Ermittlungsarbeit, so dass nur noch wenig Außendienstarbeit nötig ist.

Im Anschluss daran betont er erneut die Abhängigkeit vom Computer und der Software und gibt ein Beispiel.

„B: Und diese Technisierung, die ist schon, sagen ma' mal, schon'n bisschen beängstigend. Und wir kommen ohne diesen PC gar nicht mehr aus. Geht gar nicht mehr. Sind komplett abhängig. Und wir hatten das Problem ja, das ein neues Programm aufgespielt wurde oder PVP erneuert wurde und landesweit erstmal nen Datenabsturz über Wochen bestand, jetzt zum Jahreswechsel. Und das war – nee, nicht zum Jahreswechsel, irgendwann im September und das war so – dann merkte man erstmal, was es bedeutet, wenn, wenn das Programm nicht funktioniert.

I: Aha? Da ist es also abgeschmiert, komplett?

B: Ja.

I: Oh. Ja...das kann ich mir vorstellen, dass das übel war. Und das hat auch Wochen gedauert, bis das wieder läuft?

B: Bis der Fehler gefunden und das Programm wieder lief" (II1: 985-1017).

Herr Frank bringt hier selbst nochmals den oben beschriebenen Prozess – Angst aus Unwissenheit und Abhängigkeit – ins Spiel, wenngleich in leicht anderen Worten. Die Technisierung ist für ihn ein „bisschen beängstigend" und man sei „komplett abhängig". Das „komplett" unterstreicht nochmals die *Totalität* dieser Entwicklung bzw. die Empfindung, die Herr Frank damit verbindet. Er gibt ein Beispiel aus seiner polizeilichen Praxis. Das Aufspielen eines neuen Programms bzw. die Aktualisierung desselben führte zu einem wochenlangen Datenabsturz. Herr Frank zeigt die Größe des Problems nicht nur mit dieser zeitlichen Rahmung („wochenlang") an, sondern auch mit der räumlichen Komponente „landesweit". Zugleich unterstützt die lange Dauer der Fehlerbereinigung den *Mythos* von der Undurchsichtigkeit der Maschine, des *Dings*, des Computers als magischem Apparat, der – mit einem gewissen Eigenleben ausgestattet – beängstigt. Denn die Aussage von Hern Frank impliziert zugleich: Wenn schon ein so wichtiges Instrument wie der Computer, der den Arbeitsalltag komplett durchdringt, so lange ausfallen kann, obgleich – das mag man unterstellen – aufgrund der Wichtigkeit *Experten* an der Wiederherstellung der Funktionalität arbeiten, dann ist es nur recht und billig, dass man als normaler Nutzer (Beamter) diesen Apparat nicht gänzlich bewältigen kann. Herr Frank hat die ganze Phase der Computereinführung miterlebt und damit auch die am Anfang der Technisierung nahezu immer auftretenden Schwierigkeiten von und mit Technik. Aufgrund der zunächst dezentralen Einführung von Computer und Software und der zunächst noch recht unterschiedlichen Nutzung in den Präsidien, aber auch bundesweit, hatte sich ab der 1990er Jahre der bereits erwähnte „Flickenteppich" an Software und Datenbanken entwickelt, der erst allmählich aufgelöst wird.

In diesem Zusammenhang hatte der Beamte Herr Grün darauf hingewiesen, dass z.B. die Software IGVP nicht immer sehr anwenderfreundlich sei. Er selbst hat eigene Vorlagen erstellt, für die Zugriffe, die bei ihm am häufigsten anfallen. Zugleich kritisiert er gelegentliche Systemabstürze, die mitunter eine wesentliche Mehrarbeit mit sich bringen würden oder Wartungsarbeiten, während derer nicht mit dem System gearbeitet werden kann. Herr Grün drückt dergestalt, ähnlich wie Herr Frank, ein Unbehagen bezüglich der Nutzung der Technik aus. Gerade Systemabstürze sind Ereignisse, die nicht vorhersehbar oder vermeidbar sind und solcherart die Undurchsichtigkeit der Technik erhöhen. Verstärkt wird dieser Umstand dadurch, dass das Eingeben von (digitalen) Daten auch so etwas wie das Überantworten zur Aufbewahrung ist (anders als z. B. handschriftliche Notizen) und man sich auf den fortwährenden Zugriff darauf verlässt. „Verschwinden" Daten oder werden diese (versehentlich) gelöscht (auch von anderer Seite), sind diese verloren und müssen ggf. erneut eingegeben werden.[37] Auch die Standardisierung von Handlungspraxen, die durch die Einführung von Datenbanksoftware etabliert wurde (z. B. durch die Vorgabe von Formularen), wird – beispielsweise vom Beamten Herrn Boski – kritisiert. Die vielfältigen Aufgaben und auch die Vielfalt an unterschiedlichen Praxen, um mit diesen Aufgaben umzugehen, wird durch die Software in eine mehr oder weniger einheitliche Form gebracht. Auch aus diesem Grund erstellt Herr Grün eigene Vorlagen, die IGVP nicht oder nicht ausrei-

---

[37] Heute sollten allerdings regelmäßige, systemseitige Backups diesen Umstand verhindern.

chend zur Verfügung stellt. Das hier dargestellte „Problem" lässt sich als typisch im Rahmen einer Organisation bezeichnen, in der Handlungsabläufe z.B. durch Einführung neuer Techniken angepasst und verändert werden. Solange MitarbeiterInnen vorhanden sind, die die „alte" Zeit noch kennen, bleiben bzw. sind konkurrierende Wissens- und Erfahrungselemente vorhanden. Oder anders ausgedrückt: Jene Mitarbeiter, die ihre Arbeit noch ohne Technik gemacht haben und nun diese nutzen müssen, stellen immer wieder den Vergleich mit der vorherigen techniklosen Situation her. Aus diesem Vergleich rührt dann ggf. Kritik und eine nicht immer vorbehaltlose Zuwendung zur Technik. Die Unvoreingenommenheit jüngerer Beamtlnnen wurde bereits angesprochen und stellt die andere Seite des Umgangs mit Technik dar. Das hier angesprochene Problem ist insoweit ein Problem auf Zeit, bis keine Arbeitsgeneration mehr vorhanden ist, die die alten Handlungspraktiken noch kennt. Das wiederum unterstellt in gewisser Hinsicht, dass die Technikeinführung ein singuläres Ereignis war und es nach der Einführung keinen Zeitenbruch und damit auch keine veralteten Handlungspraktiken mehr geben wird. Das wiederum – so zeigt zumindest der Blick in die Vergangenheit und lässt sich daraus prognostizieren – ist ein eher unwahrscheinliches Szenario.

Zusammengefasst wird die bereits angesprochene totale Abhängigkeit von der Technik unterstrichen. Zugleich verdeutlicht es das bereits Gesagte: Der Computer bzw. der *Rechner* ist längst kein *Rechenknecht* mehr, kein reines Instrument oder Hilfsmittel, das sprach- und machtlos seinen Dienst verrichtet. Vielmehr ist er ein machtvolles und arbeitsbestimmendes Artefakt geworden, das gerade dadurch eine gewisse Skepsis hervorruft; zumindest bei jenen Beamten, die altersbedingt den Prozess der Technisierung persönlich erlebt haben. Diese wiederum weisen dem Computer und der Software in Betonung der eigenen Arbeit gerne auch eine Rolle als

Hilfsarbeiter zu, über die sie sich ihrer *eigentlichen* Arbeit vergewissern. So betont der Beamte Herr Fuchs an einer Stelle: „Ich hab mir dann irgendwann von ner Zeitung so einn Buch gekauft, ‚Excel für Anfänger'. Das geht auch. Wobei es ist immer so, ich bin Polizeibeamter und der Rest ist für mich nur ein Hilfsmittel. Manchmal in stärkerem Maßen, manchmal in weniger Maßen" (IJ4: 343-346).

In einem anderen Zusammenhang wird zudem deutlich, wie sich Alter und Techniknutzung mittlerweile auch auf Bewerbungen auf höhere Stellen auswirken. In einem Gespräch mit dem Beamten Wolfram geht dieser auf die Bewerbung eines Kollegen auf eine höher dotierte Stelle ein, die unter anderem mit dem Hinweis auf die (vermeintlich) unzureichende Erfahrung und Routine im Umgang mit den Vorgangsverwaltungsprogrammen PVP und IGVP anscheinend keine Aussicht auf Erfolg haben wird. Herr Wolfram sagt: „Da sagt der Jäger: ‚Kommen Sie in Ihrem Alter denn überhaupt mit IGVP und PVP klar?'" (MH16: 73-79). Alter und die Befähigung zu einer guten Technik- bzw. Softwarenutzung werden hier als Gegensätze verstanden und lassen scheinbar eine Beförderung nicht zu. Interessant ist dieser Aspekt noch unter einem anderen Gesichtspunkt. Unterstellt man, dass die Arbeit der Polizei wesentlich auch durch ihre Ermittlungsarbeit und entsprechende Erfahrung in diesem Bereich gekennzeichnet ist, dann kann man ohne Weiteres schlussfolgern, dass ältere Kollegen aufgrund ihres längeren Dienstalters auch mehr entsprechende Erfahrung in diesem Bereich haben. Dieses Mehr an Erfahrung jedoch scheint nunmehr nicht mehr auszureichen, um den möglichen Mangel an Technikaffinität auszugleichen. Das wiederum zeigt, dass die Technik und die Technikbedienung als Fähigkeit höher eingeschätzt werden, als die „eigentliche" Arbeit vor Ort. Oder anders ausgedrückt: Die Informationsverarbeitung ist wichtiger als das Eruieren von Informationen. Denn die namentlich

genannte Software ist in erster Linie eine Software zur Informationsverarbeitung. Hier muss man genau beachten: Es geht nicht darum
– wie in bestimmten spezialisierten Abteilungen z.b. der Internetkri-
minalität –, dass die Verbrechen heute durch andere technische
Hilfsmittel als früher durchgeführt werden und man daher mit diesen
neuen technischen Mitteln Erfahrung haben muss. Vielmehr geht es
– wie erwähnt – nur um die Bedienung eines Informationsverarbei-
tungsprogramms. Aber dieser Umstand unterstreicht zugleich, dass
die Technisierung sich mittelbar auch auf die Hierarchie bei der
Polizei auswirkt. So haben Beamte, die eine hohe Technikaffinität
und Fähigkeit mitbringen, eine wesentlich bessere Chance, einen
höher dotierten Posten zu erlangen, als nicht so computeraffine BeamtInnen. Das ist vordergründig insofern erstaunlich, als dass das
polizeiliche Handeln und Agieren doch wesentlich mehr ist als die
Arbeit an einem digitalen Arbeitsplatz. Beschaut man es genau, erschließt sich dieser Aspekt. Schon immer war Inhalt des polizeilichen
Arbeitens die Arbeit mit (unvollständigen) Informationen und mit
kontingentem Wissen. Aus unzureichenden Daten wurden Informationen (In-Formation-Gebrachtes) geformt, kombiniert und
daraufhin weitere Informationen eruiert (ermittelt), um so ein zunehmend schlüssiges Bild z.B. eines Tatherganges zu erhalten. Die Informationsverarbeitung war also schon immer essentieller Bestandteil des polizeilichen Handelns. Heute übernehmen Datenbankpro-
gramme zumindest das Verwalten und mitunter schon das Verknüp-
fen von Daten zu Informationen. Damit wird die Arbeit am Computer zu einer essentiell polizeilichen Arbeit. Kehren wir an dieser Stelle nochmals kurz zum Aspekt der Veralltäglichung der Computerarbeit zurück. Hier wird eine weitere Perspektive deutlich, die sich im
Rahmen der Aneignung von Technik zeigt.

3.3 Die Aneignung von Technik

Wenn hier von Aneignung von Technik gesprochen wird, dann meint dies in erster Linie das Wissen und die Fähigkeiten zur Nutzung und Bedienung von Software (und im kleineren Rahmen auch der Hardware). Es wurde bereits beschrieben, dass die Bedienung gängiger Software (z.B. MS-Office-Paket, Internetprogramm etc.) und des Computers allgemein als Grundfähigkeit vorausgesetzt wird. Wie im Alltag auch wird fraglos davon ausgegangen, dass Menschen mit diesen Techniken zumindest in Form von Grundkenntnissen arbeiten können.[38] Hinsichtlich der spezifischen Computerprogramme der Polizei, so hat es sich in den Interviews und den Gesprächen gezeigt, werden auch Schulungen angeboten. Der Beamte Herr Tenner hebt selbst solche Schulungen für IGVP, FINUS und rsCase hervor. Er meint sich zu erinnern, in einem Programm zwei Tage geschult worden zu sein. An die Software selbst kann er sich kaum erinnern („das kann sogar sein, dass ich in Case geschult worden bin? Weiß ich jetzt gar nicht") und auch hinsichtlich des Zeitraumes ist er sich nicht mehr sicher („da bin zwei Tage, glaube ich, geschult worden"). Die Schulung hat solcherart keinen bleibenden Eindruck bei ihm hinterlassen, vielmehr ist sie nur noch dunkel in Erinnerung. Letztlich, und darauf weist auch Herr Tenner hin, verfestigt sich alles erst bei der unmittelbaren Arbeit mit den Programmen. Die Schulungen selbst können hier maximal einen ersten Eindruck der Software verschaffen. Der Beamte Fiedler weist auf eine weitere Art und Weise der Aneignung von Software-Anwendungswissen hin. Er nennt die Software FINDUS, in der er nicht eingeführt wurde bzw. keine Einweisung erhalten hat. Es gebe aber „Multiplikatoren", die man ansprechen könne. Aufgrund der nur gelegentlichen Nutzung dieser

---

[38] Gleichwohl folgt daraus noch lange nicht, dass es auch tatsächlich so sein muss. So besteht auch im Alltag noch immer ein Gefälle zwischen Intensiv- und Gelegenheitsnutzern oder aber Personen, die diese Techniken gar nicht nutzen (z.B. das Internet).

Software hat sich bei Herrn Fiedler keine Anwenderroutine etabliert. Er fragt solcherart immer wieder bei den Multiplikatoren nach, wenn er einen Eintrag ins System („alle paar Wochen muss ich mal son Ding absetzen") vornehmen muss. Auch hier treffen wir erneut auf ein „Ding", die oben gemachten Ausführungen dazu finden auch hier ihre Anwendung. Die Einführung und Nutzung der Software führt, aufgrund des wiederkehrenden Fragebedarfs, zur Notwendig- keit mehr zu kommunizieren. Die Länge des Nutzungsintervalls ist zu groß, als dass Herr Fiedler sein Wissen über die Software festigen kann. Zudem, so lässt sich vermuten, ist es auch einfacher sich bei einem *Wissenden* zu erkundigen und anleiten zu lassen.

Hinzu kommt der beziehungsbildende Aspekt, der mit der Kommunikation bzw. den wiederkehrenden Rückfragen verfestigt wird. Darüber hinaus entwickelt sich so auch eine neue Form von Macht und Hierarchie. Die entsprechenden Multiplikatoren, also die *Wissenden* der Software und ihrer Anwendung, sind gefragt und festigen ihre Stellung. Herr Fiedler weist sich selbst als einen ehema- ligen Trainer für IGVP aus. Er wurde bei Einführung des Systems zu einem Multiplikator ausgebildet und sollte daran anschließend selbst Schulungen für Kollegen durchführen. „Gott sei Dank waren richtige Fachkräfte dabei, aber es hat mir erstmal geholfen, dass ich schon mal was von diesem System mitbekam". Herr Fiedler war sich also trotz seiner Schulung unsicher und froh „Fachkräfte" dabei zu haben. Das macht deutlich: Er sieht sich selbst nicht als Fachkraft und ist es auch nicht, da er als Polizeibeamter keine Fachkraft für IT- Belange ist. Dennoch wird im Rahmen der Polizeiarbeit nicht nur auf Vermittlung durch Fachkräfte wert gelegt, sondern ergänzend auch durch die Vermittlung ausgewählter Beamter. Diese festigen als *Wissende* und durch ihren Informationsvorsprung ihre Stellung in der Kollegenschaft. Nach seiner Zeit in der Fortbildungsstelle kam Herr Fiedler zurück ins Kommissariat und arbeitete selbst wieder mit

dem System, das er zuvor gelehrt hatte. Die fortlaufende Weiterent-
wicklung führte und führt dann dazu, dass Herr Fiedler selbst wieder
fragen musste: „Ich musste dann selbst wieder fragen, weil auch
wieder Neuerungen kamen, wie geht das denn jetzt wieder. Also
man kriegt ne Schulung und es wird aber verwiesen ‚Du bist doch
eingewiesen worden, du musst das doch können'." Die Weiterent-
wicklung der Software macht damit eine fortwährende Auseinander-
setzung mit der Software zwingend erforderlich, zumal Fortbildungen nicht ständig angeboten werden. Zudem ist die Aussage, dass
man doch eingewiesen worden sei, auch als ein latenter Vorwurf zu
verstehen. Das Einweisen – das hier auch etwas das *Einweihen* kon-
notiert – führt automatisch zu der Sichtweise, dass man nun die Fer-
tigkeiten ausgebildet haben müsse. Ist dem nicht so, so wird dies
zumindest erstaunt und fragend angemerkt. Das wiederum erhöht
den (sozialen) Druck, sich selbst mit der Software in *Eigenregie* auseinanderzusetzen. Weiterhin deutet eine solche Aussage eine hinzu-
kommende Sichtweise an. Der Computer wird immer noch als *einfa-
ches* Werkzeug verstanden, das einer einfachen und (mehr oder weniger) einmaligen Einweisung bedarf. Nach einer solchen Einweisung in den Gebrauch, müssen die Eingewiesenen dann die Fertig-
keiten besitzen. Diese immer noch vorherrschende Perspektive ne-
giert geradezu die Komplexität, die Eigendynamik und das *modulie-
rende* Potenzial, das die Hard- und Software besitzen. Die eigene
Anpassung an das Gerät, sein Potential als Herrschaftsinstrument
und auch sein Abhängigkeitscharakter können so gar nicht in den
Blick geraten. Dies kann zwei Gründe haben. Entweder wollen die
Bediener immer noch in dem Glauben verharren, dass sie alles
kontrollieren, dass sie – die Bediener – die Technik beherrschen und
ihre Abhängigkeit, obwohl zwischenzeitlich sprachlich sogar in einigen Aussagen selbst formuliert, nicht sehen wollen. Oder sie sehen
eine solche Abhängigkeit, vertreten aber offiziell – also gegenüber

den KollegInnen – die Ansicht, dass es sich letztlich nur um ein Werkzeug handle, um damit zugleich eine Abhängigkeit zu negieren. Dieser Aspekt ist insofern interessant, als er zwei gegensätzliche Vorgänge erklären kann. Zum einen das autodidaktische Aneignen und das Nachfragen bei KollegInnen oder sog. Multiplikatoren. Während das autodidaktische Aneignen eine Abhängigkeit von anderen Eingeweihten obsolet macht, unabhängig von strukturellen (z.B. räumlichen oder zeitlichen) Aspekten, akzeptiert und bestärkt man das neu entstandene Hierarchiefeld im Rahmen der Techniknutzung. Beschaut man beide Vorgänge genauer, stimmen beide – die Negation von Hilfe und die damit sich latent etablierende Hierarchie (Autodidaktik) wie auch Zustimmung (Fragen bei KollegInnen) – der Wichtigkeit der Technik zu und zeigen zugleich die soziale Verschränkung dieses scheinbar einfachen Werkzeuges an.

Gelernt werden muss zunehmend *on the job*. Herr Spieß hat dies in seinem Beispiel verdeutlicht. Durch Umbesetzung und neue Aufgabenverteilung kommen Beamte immer wieder mit neuer Polizeisoftware in Berührung, die sie vorher nicht genutzt haben. Das Wissen um den Gebrauch „lebt" allerdings von der täglichen Nutzung der Software. Herr Spieß nennt als Beispiel den Kollegen Wolfram, der zu einer Ermittlungskommission abberufen wurde. Dort musste er mit der Software rsCase arbeiten, mit der er bisher noch nicht gearbeitet hatte. Das erforderliche Programmwissen wurde erst in einer Schulung ein halbes Jahr später angeboten. Dies macht deutlich: Der Arbeitsalltag der Polizei und auch die vorzufindenden Weiterbildungsstrukturen sind darauf angewiesen und ausgelegt, dass die BeamtInnen eine hohe Bereitschaft zeigen müssen, sich schnell und privat oder über das Zeigen durch KollegInnen spezielles IT-Anwendungswissen anzueignen. Der Computer, das wurde bereits oben erwähnt, führt daher als Artefakt auch zu einem erhöhten Kommunikationsaufkommen und erzwingt zugleich eine andauernde Beschäftigung mit ihm. Zugleich bringt er neue und andere informelle Hierar-chien hervor. Wenn man bedenkt, dass jüngere Beamte häufig, wenn auch nicht immer, eine höhere Computeraffinität besitzen und sich dergestalt schneller den fortwährenden Wandlungen (neue Software, Aktualisierungen, Updates, neue Hardware usw.) anpas-sen, dann erlangen sie unabhängig vom Dienstgrad und der Berufs-erfahrung die Möglichkeit, in der Hierarchie unter den KollegInnen aufzusteigen. Das kann dann, wie im obigen Fall bereits dargestellt, sogar über eine Beförderung entscheiden.

Die neuen Medien stellen neue Anforderungen an die BeamtInnen. Sie müssen eine neue Kompetenzform, nämlich eine Medien-kompetenz, entwickeln, die sich von der einfachen Anwendung neu-er Kommunikationsformen (E-Mails), über die spezifische Anwen-dungskompetenz bis hin zu einer etwas abstrakteren Kompetenz – der Veränderungs- und Aneignungskompetenz – erstreckt. Mit letz-terer ist gerade die Fähigkeit gemeint, sich auf die fortlaufende und -währende Veränderung im Rahmen der IT-Anwendungen, die Neuerungen und Aktualisierungen einzulassen und damit zu rech-nen. Es geht also weniger um die (einmal erworbene) Fähigkeit mit einer Software umzugehen, sondern vor allem um die Bereitschaft und das Einsehen, dass Wissensinhalte immer wieder aktualisiert (durch die tägliche Nutzung) und ersetzt (durch eigene Weiterbil-dung) werden müssen. Damit kann sich keine Wissensroutine ausbil-den, sondern maximal eine Erwartungsroutine hinsichtlich der kom-menden Veränderungen.

4. Abschluss

An dieser Stelle sollen nochmals kurz die wesentlichen Aspekte zusammengefasst werden. Mit dem Einzug der Technik in den Arbeitsalltag der Polizei ist zunächst eine gewisse Unübersichtlichkeit eingetreten. Neue Techniken bilden nicht nur neue *Arbeitstechniken* aus, sondern führen auch zu neuen Handlungspraktiken. So hat sich mit der Einführung der Computerrecherchearbeit und der Digitalisierung ein Großteil der Arbeit ins Büro und an den Rechner verlagert, dafür sind Außenarbeiten und -recherchen weniger geworden. Vor allem der Prozess der Aneignung von Technik und Technikkompetenz verdeutlicht, dass ein gewisser fähiger Umgang mit Technik von den BeamtInnen vorausgesetzt wird. Trotz möglicher Schulungen in den unterschiedlichen Softwaresystemen der Polizei wird ein Großteil der Technikkompetenz durch Learning-by-Doing, also autodidaktisch und zum anderen durch KollegInnen, die man fragen kann, angeeignet. Diese soziale Verschränkung der Technik durch die Etablierung einer weiteren Hierarchieebene, die von den computeraffinen und wissenden MitarbeiterInnen belegt wird, verdeutlicht, dass die Technik nicht mehr nur als ein Werkzeug verstanden werden kann. Die Fähigkeit, sie zu bedienen, ist ein eigener Wert geworden, die sich als *soziales Kapital* ausweist. Beherrscht man die Technik, ist es ein Wert an sich und man ist angesehen und (wird) *gefragt*. Tangiert wird dieser Umstand durch die sich etablierte Sichtweise,[39] dass jüngere BeamtInnen einen besseren Zugang

---

[39] Die Betonung liegt auf „Sichtweise", denn faktisch muss dies in der Tat nicht so sein. Aber die soziale Zuschreibung „jung = technikaffin" und „alt = technikreserviert" kann sicherlich (zumindest als *Vorurteil*) – unabhängig von ihrer Validität – als gesellschaftlich etabliert angesehen werden. Man denke hier überdies an die bereits erwähnten sog. *digital natives* oder *born digitals*, d.h. einer Generation, die keine Zeit vor den technisch-digitalen Medien aus unmittelbarem Erleben kennen, die sozusagen die Nutzung und das Eingelassensein in sol-

zur Technik und ihrer Nutzung haben als ältere. So wird in Techni-
kangelegenheiten das Alter zu einem Hemmschuh, wird doch mangelnde Technikaffinität unterstellt. Die Altershierarchie bei der
Polizei (je älter, desto erfahrener, desto besser, desto höher der
Dienstgrad, desto höher das Ansehen) wird in Bezug zur Technik auf
den Kopf gestellt.

Durch die Technik hat sich zudem ein neuer Kommunikationsraum
gebildet. Es wird nicht nur durch die Technik kommuniziert, sondern
auch über sie in Form von z.b. Anwendungsfragen.

Polizei hat es ihrem Wesen nach (z.B. im Rahmen von Ermittlungen)
immer schon mit (meist unzureichenden) Informationen (Spuren) zu
tun, die verwaltet, neu geordnet, recherchiert oder kontextualisiert
werden müssen. Solcherart war der Polizist immer schon ein Daten-
verwalter und -erzeuger. Ein nicht unerheblichen Teil dieser Tätigkeit

---

che Medien als natürliche Umwelt kennen. Dabei ist nicht zwangsläufig gesagt,
dass der Umgang mit den digitalen Medien bei den digital natives ein grund-
sätzlich anderer ist als bei den Generationen, die auf die digitalen Medien erst
im Verlauf ihres Lebens gestoßen sind und sich diese angeeignet haben. Aber
das Verhältnis zu den digitalen Medien, ihren Möglichkeiten und ihre daran anschließende Vernetzung mit anderen Lebensbereichen ist oftmals unbefangener. Wie so oft, wenn es um Menschen geht, geht es hier um Wahrscheinlichkeiten und nicht um Kausalitäten, auch soll hier keinem biologischen Reduktionis-
mus das Wort gesprochen werden. Kommt man jedoch schon als Kind mit Computer, Internet und Mobiltelefon in Berührung und beobachtet und erlernt früh
den Umgang mit ihnen, erhöht das die Wahrscheinlichkeit, digitale Medien
leichter und umfassender in seinem Leben zu nutzen als im Gegensatz dazu die
sog. digital immigrants. Diese adaptieren vielmehr die digitale Umwelt stärker
funktional, z.B. in beruflicher Hinsicht. „There are hundreds of examples of the
digital immigrant accent. They include printing out your email (or having your
secretary print it out for you – an even 'thicker' accent); needing to print out a
document written on the computer in order to edit it (rather than just editing
on the screen); and bringing people physically into your office to see an interes-
ting web site (rather than just sending them the URL). I'm sure you can think of
one or two examples of your own without much effort. My own favorite exam-
ple is the 'Did you get my email?' phone call. Those of us who are Digital Immigrants can, and should, laugh at ourselves and our 'accent'" (Prensky 2001: 2).

ist nun auf Software übertragen worden (Datenbanken). Will man es dysphemisch ausdrücken, kann man sagen: Wollen die BeamtInnen weiterhin Herr über diese Daten sein, müssen sie sich der Technik unterwerfen. Aus dem Rechenknecht ist ein Knecht am Rechner geworden.

IV. Abschluss

Mediatisierungs- und Technisierungsprozesse machen auch vor der Organisation *Polizei* nicht Halt. Allein die alltagsweltliche Rückbindung von Straftaten – Straftaten werden heute z.B. auch durch und über digitale Medien begangen –, aber auch der allgemeine soziale Wandel – der Alltagsmensch kommuniziert heute stark digital, bewegt sich in digital sozialen Netzwerken, erwartet eine digitale Kommunikationsmöglichkeit – führen dazu, dass digitale Medien auch bei der Polizei einen festen Platz einnehmen. Gesellschaftlicher Wandel wirkt daher selbstredend auf Organisationen wie die Polizei. Der „äußere" Änderungsimpuls zeigt sich heute z.B. in einer starken medialen Pressearbeit der Polizei und findet seinen Niederschlag ebenso in der zunehmenden Nutzung von Facebook oder Twitter. Der technische Wandel zeigt sich überdies besonders in Art und Form der Nutzung entsprechender Technologien und ihren Auswirkungen im Binnenraum der Polizei.

Gerade vor dem Hintergrund solcher Mediatisierungs- und Technisierungsprozesse, die gesellschaftlich immer wieder konstatiert werden und den letzten Stand der Dinge im Rahmen der Digitalisierung ausweisen, darf nicht die Beständigkeit vorhandener Handlungspraktiken vergessen werden. Damit ist gemeint, dass neue Medien und technische Möglichkeiten alte Techniken und Praktiken nur zum Teil ablösen und es häufig zu einem Nebeneinander von Altem und Neuem kommt. Die Einführung und Etablierung technischer Neuerungen – sowohl hard- wie softwareseitig – hat bei der hier untersuchten Organisation „Polizei" nicht nur zu offensichtlichen Veränderungen der alltäglichen Praxis geführt: So ist heute die erste Handlung das Starten des Computers. Es hat sich durch die Technisierung überdies die Art und Form der Kommunikation und mithin die Kommunikationsstruktur in der Organisation verändert. Dass die

Etablierung des Computers, von E-Mail- und Forennutzung die Art und Weise der Kommunikation verändert hat, klingt zunächst trivial und stellt eine nicht mehr ganz taufrische Erkenntnis dar. Aber *wie* sich die Kommunikation in der Polizei, einer Organisation, die in ei-nem besonderen Maße von einer oralen Kommunikationskultur so-wie einer expliziten (und explizierten) Hierarchie geprägt ist, verän-dert hat, zeigt sich als weniger trivial. Denn an den Fallbeispielen der Interviews und Feldmemos konnte unter anderem verdeutlicht werden, dass sich z.b. das Konzept von Verantwortung insofern ver-ändert, als die Zunahme digitaler Kommunikation und Informations-verbreitung vermehrt zu einem funktionalen Verantwortungsverstän-dis führt. Der performative Aspekt, der bei der Verantwortungsüber-tragung über koleibliche Face-to-Face-Kommunikation enthalten ist und Verantwortung sozusagen auch von *Körper zu Körper* übergibt und einschreibt, verliert sich bei digitaler Kommunikation. Im Kon-zept der Verantwortung ist zugleich der Aspekt der Hierarchie bzw. der Herrschaft im Max Weberschen Sinne enthalten. Herrschaft setzt hier Legitimation voraus. Verantwortungsübergabe kann in erster Li-nie nur von jenen initiiert werden, die entsprechende Verantwortung besitzen. Verantwortungsübergabe ist damit auch in gewisser Hin-sicht das (temporale) Abtreten von Herrschaft. So wie digitale Kommunikation das Verantwortungskonzept „funktionalisiert" und der Performativität enthebt, verringert sich umgekehrt auch der-Herrschaftsstatus, oder umgekehrt formuliert: Digitale Kommunikati-on führt auch zu einer flacheren Hierarchie bzw. zu einer Vorstellung von einer flachen Hierarchie. Der leitende Beamte Herr Fuchs betont dies, als er in einem Gespräch darauf verweist, dass früher die Maxime gegolten habe, Wissen sei Herrschaft, sodass sparsam bzw. vorsichtig damit umgegangen worden sei, wer welche In-formationen bekomme. Heute hingegen würden sämtliche In-formationen gestreut und ‚weggesteuert', was zunehmend mit einem ,Wegschieben' von Verantwortung einhergehe. Gleiches hebt Herr Lennert hervor, wenn er davon spricht, dass die Kommunikationshemmschwelle gesunken sei und man viele Informationen auf niedrigem Niveau erhalte, die vielleicht später einmal bedeutsam werden könnten.

Polizei steht hier in gewisser Hinsicht in einem Spannungsfeld. Auf der einen Seite stellt sie weiterhin eine klar strukturierte und stark hierarchisch aufgebaute Organisation dar, wenngleich es schwer ist, bei ihr von einem *festen* Typus von Organisation zu sprechen (vgl. Wilz 2012: 113). Die Hierarchisierung spiegelt sich nun nicht nur in der „Einbettung in das Behördengefüge des staatlichen Verwaltungsapparats" (ebd. S. 124) oder Organigrammen wider, sondern auch in der zwischenmenschlichen Arbeitsebene. Auf der anderen Seite zwingen eine veränderte Umwelt Organisationen und ihre Mitglieder fortwährend zu neuen Anpassungsleistungen auf Prozesswie auch der unmittelbaren Handlungsebene. Hinsichtlich der Digitalisierung und des gesellschaftlichen Rahmens verändert sich z.B. das Workplace Learning in Organisationen und Unternehmen (vgl. Erpenbeck/Sauter/Sauter 2016, Sauter & Sauter 2013) solcherart, dass diese sich „immer mehr zu kollaborativen Organisationen wandeln, in denen die Mitarbeiter und Führungskräfte gemeinsam am Arbeitsplatz und im Netz Aufgaben lösen und Erfahrungswissen austauschen" (Sauter & Sauter 2013: 13). Überdies wachsen auch in technischer Hinsicht Beruf- und Privatleben zusammen z.B. durch die (alltagspraktische) Nutzung privater technischer Geräte oder Zugänge (Smartphone, E-Mail-Accounts) und umgekehrt. Für die Polizei, deren „Verfahren der Rekrutierung [...] auf eine zunehmende, auch explizit von der Organisation angestrebte Professionalisierung im Sinne einer Höherqualifikation der Organisationsmitglieder" (Wilz 2012: 121) hinweisen, stellen beide Aspekte – *kollaboratives* Arbeiten sowie die Nutzung privater Geräte oder Zugänge für berufliche

Belange – ein Problem dar. Zum einen erschweren das klare hierarchische System und die auf Rechtsnormen und formale Korrektheit
ausgerichteten Interaktionsnormen einen zu kreativen Stil bei der
Arbeits- und Problembearbeitung. Zum anderen wirken hier verstär-
kend auch besondere Formen der Vergemeinschaftung (Gefahren-
gemeinschaften, vgl. z.B. Behr 2006: 77) dahingehend, dass eine
niedrigschwellige Hierarchie sich nicht ohne weiteres etabliert oder
sogar situativ abgelehnt bzw. die Hierarchie ins Bewusstsein „geru-
fen" wird.

Für die Organisation *Polizei* ist zu vermerken, dass unmittelbare
Face-to-Face- sowie digitale Kommunikation parallel praktiziert werden, sich aber Kommunikationspraktiken gleichwohl verändern. Der
Wandel vom *Flurfunk* zum *Scrollbalken* ist insofern interessant zu
verzeichnen, als dass eine orale Kommunikationskultur nicht nur zur
polizeilichen Mythenbildung (vgl. Reichertz 2002) beigetragen hat,
sondern darüber hinaus ein heuristisches Moment beinhaltet, das für
die Polizeiarbeit bei der „Entdeckung des Neuen" (Schröer/Bidlo
2011) eine wichtige Stellung einnimmt.

Literatur

Assmann, Jan (2007): Religion und kulturelles Gedächtnis. München: Verlag C.H. Beck.

Bausinger, Hermann (1980): Alltag und Technik – Etappen der Aneignung. Unter http://tobias-lib.uni-tuebingen.de/volltexte/2009/3862/pdf/-Bausinger_Hermann_Alltag_und_Technik.pdf [10.02.18].

Behr, Rafael (2006): Polizeikultur. Routinen – Rituale – Reflexionen. Bausteine zu einer Theorie der Praxis der Polizei. Wiesbaden: VS.

Bidlo, Oliver (2006): Martin Buber – Ein vergessener Klassiker der Kommunikationswissenschaft? Dialogphilosophie in kommunikationswissenschaftlicher Perspektive. Marburg: Tectum.

Bidlo, Oliver (2011): Profiling. Im Fluss der Zeichen. Essen: Oldib.

Bidlo, Oliver (2013): Martin Buber Reloaded – Vom Dialog zur Proxemik. In: Reichert, Thomas, Siegfried, Meike, Waßmer, Johannes (Hrsg.) (2013): Martin Buber neu gelesen (Martin Buber-Studien, Bd. 1), Lich/Hessen: Verlag Edition AV, S. 133-158.

Bidlo, Oliver (2015): Geerbte Felddaten. Möglichkeiten und Grenzen der Analyse. In: Poferl, Angelika, Reichertz, Jo (Hrsg.) (2015). Wege ins Feld – Methodologische Aspekte des Feldzugangs. Essen: Oldib, S. 375-383.

Bidlo, Oliver (2017): Schriften zum Theater. Essen: Oldib.

Bidlo, Oliver (2018): Medienästhetik und Alltagswelt. Studien zur Mediatisierung. Essen: Oldib.

Bidlo, Oliver, Englert, Carina Jasmin, Reichertz, Jo (Hrsg.) (2011): Securitainment. Medien als Akteure der Inneren Sicherheit. Wiesbaden: VS.

Bidlo, Oliver, Englert, Carina Jasmin, Reichertz, Jo (Hrsg.) (2012): Tatort Medien. Wiesbaden: VS.

Blutner, Doris (2015): Herrschaft und Technik. Entscheidungsträgerschaft im Wandel. Wiesbaden: SpringerVS.

Bortz, Jürgen, Döring, Nicola (1995): Forschungsmethoden und Evaluation. Für Sozialwissenschaftler. Heidelberg: Springer Verlag

Buber, Martin (1962): Werke. Band I: Schriften zur Philosophie. Heidelberg: Lambert Schneider.

Buber, Martin (1995): Ich und Du. Stuttgart: Reclam.

Donath, Matthias, Mettler-v. Meibom, Barbara (1998): Kommunikationsökologie. Systematische und historische Aspekte. Münster: Lit.

Düwell, Marcus, Steigleder, Klaus (Hrsg.) (2003): Bioethik: Eine Einführung. Frankfurt/Main: Suhrkamp.

Eibl, Thomas (2004): Hypertext. Geschichte und Formen sowie Einsatz als Lern- und Lernmedium. München: Kopaed.

Erpenbeck, Joh, Sauter, Simon, Sauter, Werner (2016): Social Workplace Learning. Kompetenzentwicklung im Arbeitsprozess und im Netz in der Enterprise 2.0. Wiesbaden: Springer.

Etzioni, Amitai (1995): Die Entdeckung des Gemeinwesens. Ansprüche, Verantwortlichkeiten und das Programm des Kommunitarismus. Stuttgart: Schäffer-Poeschel.

Etzioni, Amitai (1997): Die Verantwortungsgesellschaft. Individualismus und Moral in der heutigen Demokratie. Darmstadt: Wissenschaftliche Buchgesellschaft.

Fischer-Lichte, Erika (2004): Ästhetik des Performativen. Frankfurt/Main: Suhrkamp.

Flusser, Vilém (1994): Gesten. Frankfurt am Main: Fischer.

Flusser, Vilém (1996): Kommunikologie. Mannheim: Bollmann.

Foucault, Michel (2005): Analytik der Macht. Frankfurt/Main: Suhrkamp.

Freud, Sigmund (2000): Vorlesung zur Einführung in die Psychoanalyse. Und neue Folge. Studienausgabe Bans I. Frankfurt/Main: Fischer.

Gehlen, Arnold (2004):Urmensch und Spätkultur. Philosophische Ergebnisse und Aussagen. Frankfurt/Main: Klostermann.

Grimm, Jacob und Wilhelm (1854-1961): Deutsches Wörterbuch von Jacob und Wilhelm Grimm. 16 Bde. in 32 Teilbänden. Leipzig. Online zu finden unter http://woerterbuchnetz.de.

Hartmann, Maren, Hepp, Andreas (Hrsg.) (2010): Die Mediatisierung der Alltagswelt. Wiesbaden: VS.

Havelock, Eric A. (1990): Schriftlichkeit. Das griechische Alphabet als kulturelle Revolution. Weinheim: VCH.

Heidbrink, Ludger (2003): Kritik der Verantwortung. Zu den Grenzen verantwortlichen Handelns in komplexen Kontexten. Weilerswist: Velbrück.

Hepp, Andreas (1999): Cultural Studies und Medienanalyse. Eine Einführung. Wiesbaden: Westdeutscher Verlag.

Hepp, Andreas, Krotz, Friedrich, Lingenberg, Swantje, Wimmer, Jeffrey (Hrsg.) (2015): Handbuch Cultural Studies und Medienanalyse. Wiesbaden: SpringerVS.

Hitzler, Ronald, Reichertz, Jo, Schröer, Norbert (Hrsg.) (1999): Hermeneutische Wissenssoziologie. Standpunkte zur Theorie der Interpretation. Konstanz: UVK.

Hitzler, Ronald, Reichertz, Jo, Schröer, Norbert: Das Arbeitsfeld einer hermeneutischen Wissenssoziologie. In: Dieslb. (Hrsg.) (1999), Hermeneutische Wissenssoziologie. Standpunkte zur Theorie der Interpretation. Konstanz: UVK, S. 9-13.

Hubig, Christoph (1997): Technologische Kultur. Leipzig: Leipziger Universitätsverlag.

Irrgang, Bernhard (2009): Grundriss der Technikphilosophie. Hermeneutisch-phänomenologische Perspektiven. Würzburg: Königshausen & Neumann.

Jäckel, Michael, Manfred Mai (Hrsg.) (2005): Online-Vergesellschaftung? Wiesbaden: VS.

Jonas, Hans (1979): Das Prinzip Verantwortung. Versuch einer Ethik für die technologische Zivilisation. Frankfurt/Main: Suhrkamp

Karpenstein-Eßbach (2004): Einführung in die Kulturwissenschaft der Medien. Paderborn: W. Fink/UTB.

Keller, Helmut (2008): Informelle Lernnetzwerke in Organisationen. Theoretische Zugänge und didaktische Implikationen für die betriebliche Weiterbildung. Frankfurt/Main: Lang.

Kloock, Daniela (1995): Von der Schrift zur Bild(schirm)kultur. Analyse aktueller Medientheorien. Berlin: Wissenchaftsverlag Spiess

Kloock, Daniela, Spahr, Angela (2007): Medientheorien. Eine Einführung. München: UTB/Fink Verlag.

Knoblauch, Hubert (2017): Die kommunikative Konstruktion der Wirklichkeit. Berlin: Springer VS.

Knoblauch, Hubert, Heath, Christian (1999): Technologie, Interaktion und Organisation: Die Workplace Studies. In: Schweizerische Zeitschrift für Soziologie. S. 163-181.

Krotz, Friedrich (2001): Die Mediatisierung des kommunikativen Handelns. Der Wandel von Alltag und sozialen Beziehungen, Kultur und Gesellschaft durch die Medien. Opladen: Westdeutscher.

Krotz, Friedrich (2007): Mediatisierung. Fallstudien zum Wandel von Kommunikation. Wiesbaden: VS.

Krotz, Friedrich, Despotović, Cathrin, Kruse, Merle-Marie (Hrsg.) (2018): Mediatisierung als Metaprozess. Transformationen, Formen der Entwicklung und die Generierung von Neuem. Wiesbaden: SpringerVS.

Kuhlen, Rainer (1999): Die Konsequenzen von Informationsassistenten. Frankfurt am Main: Suhrkamp.

Kümmel, Albert, Scholz, Leander, Schumacher, Eckhard (Hrsg.) (2004): Einführung in die Geschichte der Medien. Paderborn: W. Fink/UTB.

Kurt, Ronald, Herbrik, Regine (2014): Sozialwissenschaftliche Hermeneutik und hermeneutische Wissenssoziologie. In: Bauer, Nina, Blasius, Jörg (Hrsg.) (2014), Handbuch Methoden der empirischen Sozialforschung. Wiesbaden: SpringerVS, S. 473-491.

Lange, Hans-Jürgen, Ohly H. Peter, Reichertz, Jo (Hrsg.) (2008): Auf der Suche nach neuer Sicherheit. Fakten, Theorien und Folgen. Wiesbaden: VS.

Latour, Bruno (1995): Wir sind nie modern gewesen. Versuch einer symmetrischen Anthropologie. Berlin: Akademie.

Latour, Bruno (2007): Reassembling the Social. Oxford: University Press.

Latour, Bruno (2010): Eine neue Soziologie für eine neue Gesellschaft. Einführung in die Akteur-Netzwerk-Theorie. Frankfurt am Main: Suhrkamp.

Loos, Stefan (1998): Schriftlichkeit – Mündlichkeit. Unter: www.medienobservationen.lmu.de/artikel/theorie/Schriftmund.html [08.02.18].

Marx, Karl (1979): Das Kapital. Kritik der politischen Ökonomie. Band 1, Berlin: Dietz.

Münker, Stefan, Roesler, Alexander (Hrsg.) (1997): Mythos Internet. Frankfurt am Main: Suhrkamp.

Ong, Walter (1987): Oralität und Literalität. Die Technologisierung des Wortes. Opladen: Westdeutscher.

Ortmann, Günther (1984): Der zwingende Blick. Personalinformationssysteme – Architektur der Disziplin. Frankfurt: Campus.

Prensky, Marc (2001): Digital Natives, Digital Immigrants, in: On The Horizon, MCB University Press, Vol. 9 No. 5, Oktober 2001. Online-Seiten 1-6, unter http://www.marcprensky.com/writing/Prensky%20-%20Digital%20Natives,%20Digital%20Immigrants%20-%20Part1.pdf [14.02.2018].

Rammert, Werner (2016): Technik – Handeln – Wissen. Zu einer pragmatistischen Technik- und Sozialtheorie. 2. Auflage, Wiesbaden: VS.

Reichertz, Jo (1991): Aufklärungsarbeit. Kriminalpolizisten und Feldforscher bei der Arbeit. Stuttgart: Enke.

Reichertz, Jo (1997): Plädoyer für das Ende einer Methodologiedebatte bis zur letzten Konsequenz. In: Tilmann Sutter (Hrsg.) (1997): Beobachtung verstehen – Verstehen beobachten. Perspektiven einer konstruktivistischen Hermeneutik. Opladen: Westdeutscher, S. 98-133.

Reichertz, Jo (2002): Prämissen einer hermeneutisch wissenssoziologischen Polizeiforschung. In: Forum Qualitative Sozialforschung, Vol 3, No 1 (2002), unter www.qualitative-research.net/index.php/fqs/rt/printer-Friendly/881/1920#g5 [30.03.18].

Reichertz, Jo (2009): Kommunikationsmacht. Was ist Kommunikation und was vermag sie? Und weshalb vermag sie das? Wiesbaden: VS.

Reichertz, Jo (2012): „Das ist ein Geben und Nehmen". Mit einem privaten Newsmacher unterwegs. In: Bidlo, Oliver, Englert, Carina Jasmin, Reichertz, Jo (Hrsg.) (2012), S. 7-31.

Reichertz, Jo (2016): Qualitative und interpretative Sozialforschung. Eine Einladung. Wiesbaden: SpringerVS.

Röcke, Werner, Schaefer, Ursula (Hrsg.) (1996): Mündlichkeit – Schriftlichkeit – Weltbildwandel. Literarische Kommunikation und Deutungsschemata von Wirklichkeit in der Literatur des Mittelalters und der frühen Neuzeit. Tübingen: Gunter Narr.

Röhr, Klaus F. (1996): Über den Einfluß der elektronischen Medien auf das Recht und das juristische Denken. Unter: http://www.ruhr-uni-bochum.de/rsozlog/daten/pdf/Roehl%20-%20Law%20in%20the%20Bytes.pdf (27.01.18).

Sauter, Werner, Sauter, Simon (2013): Workplace Learning. Integrierte Kompetenzentwicklung mit kooperativen und kollaborativen Lernsystemen. Berlin, Heidelberg: Springer.

Schröder, Ingo W., Voell, Stéphane (2002a): Moderne Oralität. Kommunikationsverhältnisse an der Jahrtausendwende. In: Dieslb (Hrsg.) (2002b), 11-49.

Schröder, Ingo W., Voell, Stéphane (Hrsg.) (2002b): Moderne Oralität. Ethnologische Perspektiven auf die plurimediale Gegenwart. Marburg: Curupira.

Schröer, Norbert, Bidlo, Oliver (Hrsg.) (2011): Die Entdeckung des Neuen. Qualitative Sozialforschung als Hermeneutische Wissenssoziologie. Wiesbaden: VS.

Schütz, Alfred (1982): Das Problem der Relevanz. Frankfurt/Main: Suhrkamp.

Schütz, Alfred (1993): Der sinnhafte Aufbau der sozialen Welt. Eine Einleitung in die verstehende Soziologie. Frankfurt/Main: Suhrkamp.

Schütz, Alfred, Luckmann, Thomas (1994): Strukturen der Lebenswelt. Band 1. Frankfurt/Main: Suhrkamp.

Sommer, Gerlinde (1997): Institutionelle Verantwortung. Grundlagen einer Theorie politischer Institutionen. München, Wien: Oldenbourg.

Steinkemper, Katharina (2017): Web 2.0 – Wie nutzt Polizei soziale Medien? Untersuchung der Nutzung von Facebook durch die Polizei NRW. In: *der kriminalist*. 7-8/2017, S. 7-12.

Thimm, Caja (Hrsg.) (2000): Soziales im Netz. Wiesbaden: Westdeutscher.

Tönnies, Ferdinand (1963): Gemeinschaft und Gesellschaft. Grundbegriffe der reinen Soziologie. Darmstadt: Wissenschaftliche Buchgesellschaft.

Weber, Max (1980): Wirtschaft und Gesellschaft. Grundriß der verstehenden Soziologie. Tübingen: Mohr.

Werner, Micha H. (2003): Hans Jonas' Prinzip Verantwortung. In: Düwell, Marcus / Steigleder, Klaus (Hrsg.) (2003), S. 41-56.

Wiethölter, Waltraud, Pott, Hans-Georg, Messerli, Alfred (Hrsg.) (2008): Stimme und Schrift. Zur Geschichte und Systematik sekundärer Oralität. München: Fink.

Wilz, Sylvia M. (2010): Entscheidungsprozesse in Organisationen. Eine Einführung. Wiesbaden: VS.

Wilz, Sylvia M. (2012): Die Polizei als Organisation. In: Apelt, Maja, Tacje, Veronicka (Hrsg.) (2012): Handbuch Organisationstypen. Wiesbaden: SpringerVS, S. 113-131

Wilz, Sylvia M., Reichertz, Jo (2008): polizei.de oder: Verändert das Internet die Praxis polizeilichen Arbeitens? In: Lange, Hans-Jürgen, Ohly H. Peter, Reichertz, Jo (Hrsg.) (2008), S. 221-230.

Angelika Poferl, Jo Reichertz (Hrsg.)

Wege ins Feld
Methodologische Aspekte des Feldzugangs

404 Seiten, 33,99 Euro –
ISBN 978-3-939556-47-3

4. Fuldaer Feldarbeitstage:
Vor jeder Forschung im Feld steht erst einmal der
Zugang zum Feld. Aber der Feldzugang ist nicht
nur ein Problem, das praktisch gelöst und später
reflektiert werden muss, sondern er eröffnet gerade in der sozialwissenschaftlichen Forschung auch
eine große Chance, etwas Wichtiges über die Besonderheiten des Feldes zu erfahren – wird doch in der Logik der Zugangswege zum Feld vieles von der Logik des
Feldes sichtbar.
In dem vorliegenden Band werden einerseits praktische, methodische und ethi-
sche Fragen des Feldzugangs diskutiert, andererseits wird aber auch gezeigt, wie
der Feldzugang bereits für die Analyse des Feldes genutzt werden kann.

Mit Beiträgen von:
Felix Albrecht, Thorsten Benkel, Richard Bettmann, Oliver Bidlo, Julia Böcker,
Achim Brosziewski, Igor Don, Thomas S. Eberle, Paul Eisewicht, Tilo Grenz,
Ronald Hitzler, Heiko Kirschner, Hubert Knoblauch, Simone Kreher, Alexander
Leistner, Christoph Maeder, Eva Marr, Matthias Meitzler, Lois Chidalu Nwokey,
Jessica Pahl, Angelika Poferl, Jo Reichertz, Agnieszka Satola, Alexander Schmidl,
Norbert Schröer, Frank Sowa, Peter Stegmaier, Vivien Weiß, Julia Zahren, Adiam
Zerisenai, Almut Zwengel.

www.oldib-verlag.de – info@oldib-verlag.de

Ronald Hitzler, Simone Kreher, Angelika Poferl, Norbert Schröer (Hrsg.)

Old School – New School?
Zur Frage der Optimierung
ethnographischer Datengenerierung

496 Seiten, 33,99 Euro –
ISBN 978-3-939556-55-8

5. Fuldaer Feldarbeitstage:
Dass man sich in einem plausiblen Sinne im jeweiligen Forschungsfeld einlassen muss auf unerwartete Erfahrungen, dass man bereit sein muss, sich verwirren zu lassen, Schocks zu erleben, eigene Moralvorstellungen (vorübergehend) auszuklammern, Vor-Urteile zu erkennen und aufzugeben, kurz: dass man eine maximale Bereitschaft haben muss, das, was Menschen tun, die man aufsucht und mit denen man als forschende Person Umgang hat bzw. haben will, so zu verstehen, wie diese anderen Menschen es meinen, ist eine Haltung, die Ethnographie betreibende Personen weitgehend teilen. Bei den hier versammelten Beiträgen der 5. Fuldaer Feldarbeitstage wurden – fokussiert auf die Frage nach Differenzen von Old School und New School – Methodenentwicklungen in ethnographischen Ansätzen reflektiert und ineinandergreifende und alternierende Anwendungen einschlägiger Erhebungs- und Auswertungsverfahren in Relation zueinander auf ihre Möglichkeiten und Grenzen hin diskutiert.

www.oldib-verlag.de – info@oldib-verlag.de